MAIKE FJELD

NORWEGEN

—KOCHBUCH—

Alle Ratschläge in diesem Buch wurden vom Autor und vom Verlag sorgfältig erwogen und geprüft. Eine Garantie kann dennoch nicht übernommen werden. Eine Haftung des Autors beziehungsweise des Verlags für jegliche Personen-, Sach- und Vermögensschäden ist daher ausgeschlossen.

Email: info@edition-lunerion.de
www.edition-lunerion.de

Psiana eCom UG
Berumer Str. 44
26844 Jemgum

Vorwort

Norwegen, das Land majestätischer Fjorde, wilder Natur, der Nordlichter und atemberaubender Seenlandschaften: Der hohe Norden ist Sehnsuchtsziel zahlreicher Urlauber, doch an kulinarische Traumreisen denken dabei die wenigsten. Zu Unrecht, denn die norwegische Landesküche wartet mit einzigartigen Leckereien auf und mit diesem Buch holen Sie sich original Norwegen-Flair ganz einfach auf den Tisch!

Keine Überraschung: Auf norwegischen Tellern ist Fisch der ungeschlagene Superstar – längst weltweit berühmt ist schließlich der Norwegerlachs. Die tausende Kilometer lange Küstenlinie sowie unzählige Seen bescheren reichen Fischfang, den die traditionelle Küche zu einzigartigen Gerichten verarbeitet. Doch auch deftige Fleischgerichte, frische Salate und die eine oder andere vegetarische Leckerei finden sich in den norwegischen Kochbüchern und hier entdecken Sie, wie Sie die Köstlichkeiten ganz einfach zuhause zubereiten. Ob herzhaftes Sattmachermenü an kalten Wintertagen, leichte Salate für lange Sommertage oder wärmende Suppen, hier entdecken Sie abwechslungsreiche Leckerbissen für jeden Anlass. Insbesondere Naschkatzen läuft dabei das Wasser im Munde zusammen: Denn mit zahlreichen cremig-fruchtig feinen Desserts sowie köstlichen Kuchenkreationen trumpft die norwegische Küche bei Süßschnäbeln auf und liefert außergewöhnliche Genussmomente in Hülle und Fülle.

Guten Appetit!

INHALT

Wissenswertes

Norwegen ist ein Land der Kontraste und überrascht nicht nur mit seiner beeindruckenden Küstenlinie, sondern auch mit einer faszinierenden kulinarischen Vielfalt. Tauchen Sie in diesem Kochbuch in die Welt der norwegischen Küche und kulinarischen Vielfalt ein.

Die weite und vielfältige Küche Norwegens prägt nicht nur die Landschaft, sondern auch die Küche des Landes. Von der Südküste bis zum Nordkap erstreckt sich das Land über 1.600 Kilometer. Die Natur hat mit Hingabe an der Erzeugung einer beeindruckenden Landschaft gearbeitet und dies spiegelt sich ebenfalls in den Kochkünsten der Norweger wider.

Fisch ist für die Norweger sehr wichtig. Der norwegische Lachs ist weltweit bekannt und wird in den verschiedensten Variationen zubereitet – gekocht, geräuchert, gebraten oder gebeizt. Besonders beliebt ist „Gravlaks“, bei dem der Lachs über mehrere Tage eingelegt wird.

Zu den festlichen Gerichten gehören ribbe (Schweinerippchen). Kjøttkaker, Fleischklöße in brauner Soße, und fiskeboller, Fischfrikadellen, sind ebenfalls köstliche Beispiele norwegischer Küche.

10 DINGE, DIE SIE NOCH NICHT ÜBER NORWEGEN WUSSTEN

1. Norwegen wurde 2013 von der UNO als das zweitglücklichste Land der Welt eingestuft. Basierend auf Kriterien wie bspw. sozialem Gefüge, Freiheit und Lebenserwartung wurden diese Ergebnisse festgesetzt.

2. In Norwegen wurde ein Rauchverbot für Autos und innerhalb von geschlossenen Ortschaften eingeführt. Bei einem Verstoß droht ein Bußgeld in Höhe von 175 €.

3. Oslo wurde mehrfach als die teuerste Stadt der Welt ausgewählt. Die Lebensmittelkosten seien drei- bis viermal so hoch wie in Deutschland.

4. Der höchste Wasserfall in Europa befindet sich in Vestland und heißt Mardalflossen. Der Wasserfall umfasst eine Höhe von 655 Metern.

5. Ein norwegisches Gesetz von 2006 schreibt vor, dass Kühe in Norwegen auf Matratzen ruhen müssen, was angeblich zu einer Steigerung der Milchproduktion um bis zu 10 Prozent führt.

6. Norwegische Medien warnen jährlich vor betrunkenen Elchen, die durch den Verzehr gegorener Beeren und Äpfel einen Rausch bekommen können.

7. Die Insel Gimsøy beherbergt den nördlichsten Küstengolfplatz der Welt, wo Golfer während der Mitternachtssonne im Sommer 24 Stunden lang spielen können.

8. Norwegen führte 1993 als erstes Land die Väterquote ein, die Väter nach der Geburt eines Kindes 10 Wochen freistellt und Elterngeld gewährt.

9. In Norwegen haben die Bürger das „Jedermannsrecht", das ihnen erlaubt, in der Natur zu zelten, Beeren und Pilze zu sammeln, Feuer zu machen und mit Booten Seen und Flüsse zu befahren.

10. Der Lærdalstunnel in Sogn og Fjordane ist mit 24,5 km Länge der längste Straßentunnel der Welt.

Frokost

Frühstück

GRIEßBREI

4 Port.

4 Std.
15 Min.

Einfach

Zutaten

1 l Milch
120 ml Sahne
100 g Zucker
100 g Grieß
90 g Butter (kalt)
30 g Rosinen
1 TL Salz
Etwas Zimt

Nährwerte p. P.

619 kcal
60 g Kohlenhydrate
36 g Fett
11 g Eiweiß

1 Geben Sie die Sahne und die Milch in einen großen Topf. Bringen Sie die Mischung zum Kochen.

Tipp: Rühren Sie beim Aufkochen regelmäßig um, damit die Milch nicht anbrennt.

2 Rühren Sie den Grieß und das Salz unter. Achten Sie darauf, dass keine Klumpen entstehen.

3 Reduzieren Sie die Hitzezufuhr auf eine niedrige Stufe. Lassen Sie den Grießbrei für 2 - 3 Stunden köcheln. Rühren Sie währenddessen regelmäßig um.

4 Nehmen Sie den Topf vom Herd. Rühren Sie den Zucker so lange unter, bis dieser vollkommen geschmolzen ist.

5 Wiederholen Sie den Vorgang aus Schritt 4 ebenfalls mit der Butter.

6 Füllen Sie den Grießbrei in eine große Servierschüssel um. Lassen Sie den Grießbrei einen Moment lang abkühlen.

7 Decken Sie die Servierschüssel mit Frischhaltefolie ab. Stellen Sie die Servierschüssel in den Kühlschrank und lassen Sie den Grießbrei 1 Stunde lang abkühlen.

8 Verteilen Sie den Grießbrei auf Schüsseln. Streuen Sie eine Schicht Zimt darüber und fügen Sie die Rosinen hinzu.

PANNEKAKEN |

PFANNKUCHEN

Ca. 8 Stk. 25 Min. Einfach

Zutaten

360 ml Milch
130 g Mehl
3 Eier
1 Prise Salz
Etwas Butter
Toppings: Puderzucker, Beeren, Marmelade, Sirup etc.

Nährwerte p. P.

102 kcal
14 g Kohlenhydrate
3 g Fett
4 g Eiweiß

1 Verquirlen Sie die Eier in einer Schüssel.

2 Rühren Sie die restlichen Zutaten unter, bis ein glatter Teig entsteht.

3 Geben Sie etwas Butter in eine Pfanne. Erhitzen Sie die Pfanne bei einer mittleren Hitzezufuhr.

4 Geben Sie etwas Teig in die Pfanne und backen Sie die Pfannkuchen von beiden Seiten, bis diese leicht braun werden.

Hinweis: Je nach gewünschter Dicke der Pfannkuchen können Sie entweder weniger oder mehr Teig nehmen.

5 Servieren Sie die Pfannkuchen mit den vorgeschlagenen Toppings oder gestalten Sie eigene Kreationen.

RISGRØT |

MILCHREIS

4 Port. 50 Min. Einfach

Zutaten

1,4 l Milch
500 ml Wasser
200 g Langkornreis
4 EL Zucker
2 EL Butter
2 TL Zimt
1 TL Vanilleextrakt
½ TL Kardamom (gemahlen)

Nährwerte p. P.

451 kcal
70 g Kohlenhydrate
10 g Fett
20 g Eiweiß

1 Bringen Sie das Wasser und den Reis in einem Topf zum Kochen.

2 Reduzieren Sie die Hitzezufuhr leicht, sodass das Wasser noch köchelt. Lassen Sie es köcheln, bis das Wasser vollkommen aufgesogen wurde. Rühren Sie währenddessen regelmäßig um.

3 Rühren Sie den Zucker, Kardamom und den Vanilleextrakt unter.

4 Erhöhen Sie auf eine mittlere Hitzezufuhr und fügen Sie ein Drittel der Milch hinzu. Lassen Sie es ca. 5 Minuten lang eindicken. Wiederholen Sie diesen Vorgang, bis die Milch aufgebraucht und der Milchreis eingedickt ist.

5 Verteilen Sie den Milchreis auf vier Schüsseln. Geben Sie in jede Schüssel ½ EL Butter und ½ TL Zimt.

Tipp: Sie können den Milchreis auch mit weiteren Toppings wie Beeren, Schokodrops etc. toppen.

EGGERØRE MED RØYKT LAKS |

RÜHREI MIT GERÄUCHERTEM LACHS

6 Port.

25 Min.

Einfach

Zutaten

500 g geräucherter Lachs
200 g Mayonnaise
150 ml Sahne
8 Eier
2 Salatherzen
1 Gurke
1 Bund Schnittlauch
1 Bund Radieschen
2 EL Butter
Salz, Pfeffer

Nährwerte p. P.

565 kcal
3 g Kohlenhydrate
50 g Fett
25 g Eiweiß

1 Verquirlen Sie die Sahne mit den Eiern in einer Schüssel.

2 Schneiden Sie den Schnittlauch in feine Ringe. Geben Sie den Schnittlauch, Salz und Pfeffer zu den Eiern. Rühren Sie erneut um.

3 Geben Sie die Butter in eine Pfanne und lassen Sie diese schmelzen.

4 Stellen Sie auf eine niedrige Hitzezufuhr um. Geben Sie die Eier-Mischung hinzu und lassen Sie die Eier langsam stocken.

5 Schneiden Sie den geräucherten Lachs ggf. etwas kleiner. Rühren Sie den geräucherten Lachs unter das Rührei. Lassen Sie es eine weitere Minute braten.

6 Nehmen Sie die Pfanne vom Herd und lassen Sie das Rührei einen Moment lang ruhen.

7 Schneiden Sie die Salatherzen, die Gurke und die Radieschen in eine beliebige Form. Mischen Sie das Gemüse zu einem Salat zusammen.

8 Machen Sie aus der Mayonnaise, Salz und Pfeffer ein Dressing. Vermischen Sie das Dressing mit dem Salat.

9 Servieren Sie das Rührei zusammen mit dem Salat.

Salater

Salate

AGURKSALAT |

GURKENSALAT

4 Port.

1 Std. 5 Min.

Einfach

Zutaten

160 ml Wasser
160 ml weißer Essig
40 g Zucker
1 Gurke
1 EL Petersilie (gehackt)
½ TL Salz
¼ TL Pfeffer

Nährwerte p. P.

54 kcal
12 g Kohlenhydrate
0 g Fett
1 g Eiweiß

1 Schneiden Sie die Gurke in dünne Scheiben oder Halbmonde.

2 Vermengen Sie den weißen Essig, das Wasser, den Zucker, Salz und Pfeffer in einer großen Schüssel miteinander.

3 Fügen Sie die Gurken hinzu. Rühren Sie um, sodass die Gurken mit dem Dressing bedeckt sind.

4 Stellen Sie die Schüssel für mindestens 1 Stunde in den Kühlschrank.

5 Schmecken Sie den Gurkensalat vor dem Servieren noch einmal mit Salz und Pfeffer ab. Streuen Sie zum Schluss die Petersilie obendrauf.

RØDBETESALAT |

ROTE-BETE-SALAT

6 Port.

40 Min.

Einfach

Zutaten

400 g Rote Bete
75 g Mayonnaise
75 g Sauerrahm
1 Apfel
1 Zwiebel
2 TL Schnittlauch (gehackt)
2 TL Zitronensaft
Salz, Pfeffer

Nährwerte p. P.

152 kcal
10 g Kohlenhydrate
11 g Fett
2 g Eiweiß

1 Schälen Sie die Rote Bete und halbieren oder vierteln Sie diese.

2 Erhitzen Sie in einem mittleren Topf etwas Wasser. Fügen Sie etwas Salz hinzu und kochen Sie die Rote Bete für ca. 20 Minuten darin.

3 Gießen Sie die Rote Bete ab und lassen Sie diese abkühlen.

4 Schneiden Sie die Rote Bete in mundgerechte Würfel.

5 Geben Sie den Zitronensaft in eine Schüssel und wälzen Sie darin die Rote Bete.

6 Entkernen Sie den Apfel und schneiden Sie diesen ebenfalls in mundgerechte Stücke. Rühren Sie den Apfel unter die Rote Bete.

7 Hacken Sie die Zwiebel fein klein.

8 Vermischen Sie in einer weiteren Schüssel den Sauerrahm, die Mayonnaise, den gehackten Schnittlauch und die Zwiebel miteinander. Schmecken Sie mit etwas Salz und Pfeffer ab.

9 Rühren Sie das Dressing unter die Rote Bete und den Apfel. Schmecken Sie erneut mit Salz und Pfeffer ab.

REKESALAT |

GARNELEN-SALAT

8 Port.

10 Min.

Einfach

Zutaten

400 g geschälte Garnelen
200 g Sauerrahm
100 g Mayonnaise
4 Eier (hart gekocht)
1 Zitrone (Saft & Schale)
1 Stange Sellerie
1 Bund Dill
Etwas Salz

Nährwerte p. P.

205 kcal
2 g Kohlenhydrate
16 g Fett
14 g Eiweiß

1 Schneiden Sie die hart gekochten Eier und den Sellerie in kleinere Stücke.

2 Reiben Sie die Schale der Zitrone ab und pressen Sie den Saft der einen Hälfte aus.

3 Hacken Sie den Dill fein klein.

4 Geben Sie alle Zutaten in eine Schüssel. Vermischen Sie es gründlich und schmecken Sie den Garnelensalat mit Salz ab.

Tipp: Der Garnelensalat wird vor allem als Aufstrich für Brot verwendet.

RÅKOSTSALAT |

ROHKOST-SALAT

4 Port.

1 Std.
15 Min.

Einfach

Zutaten

100 g Rosinen
2 Möhren
1 Apfel
1 Gelbe Rübe
1 Rote Bete
1 Zitrone (Saft)
1 Steckrübe
½ Rotkohl
2 EL Ahornsirup
Etwas frische Petersilie (gehackt)
Salz, Pfeffer

Nährwerte p. P.

272 kcal
50 g Kohlenhydrate
1 g Fett
7 g Eiweiß

1 Schälen Sie den Apfel und die Möhren. Raspeln Sie den Rotkohl, Apfel und die Möhren klein.

2 Schälen Sie die Rote Bete, die Steckrübe und die Gelbe Rübe. Schneiden Sie das Gemüse in mundgerechte Würfel.

3 Vermengen Sie in einer Schüssel den Saft der Zitrone und den Ahornsirup miteinander. Schmecken Sie mit Salz und Pfeffer ab.

4 Geben Sie das gesamte Gemüse (außer der Petersilie) und die Rosinen in eine große Schüssel. Fügen Sie das Dressing aus Schritt 3 hinzu und rühren Sie es gründlich unter.

5 Stellen Sie den Salat für mindestens 1 Stunde in den Kühlschrank.

6 Schmecken Sie den Salat vor dem Servieren noch einmal mit Salz und Pfeffer ab. Streuen Sie zum Schluss die Petersilie obendrauf.

POTETSALAT |

KARTOFFELSALAT

6 Port.

1 Std. 30 Min.

Mittel

Zutaten

1 kg Kartoffeln
5 Frühlingszwiebeln
4 Eier (hart gekocht)
4 Radieschen
2 Gewürzgurken
2 EL Mayonnaise
2 EL Olivenöl
2 EL Petersilie (gehackt)
2 EL Sauerrahm
1 EL Salzlake
1 EL Apfelessig
½ EL Senf
Salz, Pfeffer

Nährwerte p. P.

279 kcal
33 g Kohlenhydrate
12 g Fett
8 g Eiweiß

1 Erhitzen Sie etwas Wasser in einem mittelgroßen Topf. Fügen Sie etwas Salz hinzu und kochen Sie die Kartoffeln für 15 – 20 Minuten. Lassen Sie die Kartoffeln anschließend vollkommen abkühlen.

Hinweis: Die Kartoffeln sollten weich sein, aber nicht zerfallen.

2 Schneiden Sie die Kartoffeln in mundgerechte Würfel.

3 Vermischen Sie das Olivenöl, Sauerrahm, den Apfelessig, Senf, die Salzlake und die Mayonnaise miteinander. Schmecken Sie das Dressing mit etwas Salz und Pfeffer ab.

4 Mischen Sie das Dressing unter die Kartoffeln.

5 Schneiden Sie die Eier in mundgerechte Stücke, die Gewürzgurken in kleine Würfel, die Frühlingszwiebeln in feine Ringe und die Radieschen in feine Scheiben.

6 Mischen Sie die Eier, Gewürzgurken, Radieschen, Frühlingszwiebeln und die Petersilie unter die Kartoffeln. Schmecken Sie den Salat mit etwas Salz und Pfeffer ab.

Tipp: Lassen Sie den Kartoffelsalat vor dem Verzehr einige Stunden ziehen. Dadurch wird der Geschmack noch intensiver.

Supper

Suppen

FISKESUPPE |

SKREI-SUPPE

4 Port.

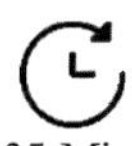
35 Min.

Einfach

Zutaten

500 ml Fischfond
400 g Skrei-Filet
200 g Crème fraîche
150 ml Sahne
2 Möhren
2 Schalotten
2 Frühlingszwiebeln
1 EL Butter
1 TL Weißweinessig
Etwas frischer Dill
Salz, schwarzer Pfeffer

Nährwerte p. P.

488 kcal
7 g Kohlenhydrate
40 g Fett
26 g Eiweiß

1 Lassen Sie die Butter in einem großen Topf schmelzen.

2 Schneiden Sie die Schalotten in feine Würfel und braten Sie diese einige Minuten in der Butter an.

3 Geben Sie den Fischfond hinzu. Bringen Sie es zum Kochen.

4 Schälen Sie die Möhren und raspeln Sie diese klein. Schneiden Sie die Frühlingszwiebeln in feine Ringe. Geben Sie das Gemüse in den Topf und lassen Sie es 5 Minuten mitkochen.

5 Stellen Sie die Hitzezufuhr herunter. Rühren Sie Crème fraîche und die Sahne unter die Suppe.

6 Schneiden Sie das Skrei-Filet in mundgerechte Stücke und geben Sie den Fisch in die Suppe. Lassen Sie den Fisch ca. 5 Minuten lang in der Suppe mitkochen.

7 Rühren Sie den Weißweinessig unter und schmecken Sie die Suppe mit Salz und schwarzem Pfeffer ab. Garnieren Sie die Suppe mit etwas Dill.

FÅRIKÅL |

LAMM-KOHL-EINTOPF

 4 Port.

 3 Std. 10 Min.

Mittel

Zutaten

720 ml Gemüsebrühe
720 ml Wasser
700 g Lammkeule (in Würfel)
30 g Mehl
½ Kohlkopf
1 EL Pfefferkörner
Etwas Salz

Nährwerte p. P.

291 kcal
10 g Kohlenhydrate
11 g Fett
37 g Eiweiß

1 Zupfen Sie die Kohlblätter ab. Legen Sie die Kohlblätter auf den Boden eines großen Schmor- oder Suppentopfes.

2 Vermengen Sie in einer großen Rührschüssel die Gemüsebrühe und das Mehl miteinander, bis keine Klümpchen mehr vorhanden sind.

3 Gießen Sie die Gemüsebrühe und das Wasser über den Kohl.

4 Legen Sie das Lammfleisch auf den Kohl und fügen Sie die Pfefferkörner hinzu.

5 Bringen Sie den Eintopf bei einer mittleren bis hohen Hitzezufuhr zum Köcheln.

6 Reduzieren Sie auf eine niedrige Hitzezufuhr. Geben Sie einen Deckel auf den Topf und lassen Sie den Eintopf ca. 2 – 3 Stunden garen.

7 Schmecken Sie den Eintopf mit etwas Salz und ggf. weiteren Gewürzen ab.

Tipp: Hierzu passt als Beilage ein knuspriges Brot hervorragend.

SOT-SUPPE |

SÜẞE SUPPE

6 Port. 20 Min.+ Einweichen & Abkühlen Einfach

Zutaten

1,2 l Wasser
200 g Pflaumen (gehackt)
150 g Trockenfrüchte
150 g Zucker
80 g Rosinen
40 g Tapiokaperlen
15 ml Zitronensaft
10 g Zitronenschale
1 TL Zimt

Nährwerte p. P.

247 kcal
53 g Kohlenhydrate
2 g Fett
3 g Eiweiß

1 Weichen Sie die Tapiokaperlen in dem Wasser in einem Topf über Nacht ein.

2 Fügen Sie morgens das Obst (Rosinen, Trockenfrüchte & Pflaumen), Zimt, Zucker und die Zitronenschale hinzu.

3 Stellen Sie den Topf auf den Herd und stellen Sie eine mittlere Hitzezufuhr ein. Lassen Sie die Suppe ca. 10 Minuten lang köcheln.

4 Nehmen Sie den Topf vom Herd und rühren Sie den Zitronensaft ein.

5 Lassen Sie die Suppe abkühlen und servieren Sie diese kalt.

TORSKESUPPE |

KABELJAUSUPPE

4 Port. 30 Min. Einfach

Zutaten

480 ml Fischbrühe
450 g Kabeljaufilet (ohne Gräten)
180 g Crème fraîche
180 ml Sahne
2 Möhren
1 Zwiebel
1 Knoblauchzehe
1 EL Öl
1 ½ TL Salz
Etwas Dill
Salz, Pfeffer

Nährwerte p. P.

396 kcal
8 g Kohlenhydrate
29 g Fett
26 g Eiweiß

1 Schneiden Sie die Zwiebel in feine Würfel und hacken Sie den Knoblauch. Schälen Sie die Möhren mit einem Schäler in dünne Streifen.

2 Erhitzen Sie das Olivenöl in einem mittelgroßen Topf. Braten Sie die Zwiebel darin einige Minuten glasig an.

3 Fügen Sie den Knoblauch hinzu und braten Sie diesen eine weitere Minute an.

4 Löschen Sie mit der Fischbrühe ab und bringen Sie es zum Kochen. Reduzieren Sie die Hitzezufuhr, sobald die Brühe anfängt zu kochen, und lassen Sie die Brühe weiterköcheln.

5 Fügen Sie die Möhrenstreifen hinzu und lassen Sie diese weitere 5 Minuten mitköcheln.

6 Rühren Sie das Salz, die Sahne und Crème fraîche ein.

7 Schneiden Sie die Kabeljaufilets in mundgerechte Stücke und geben Sie diese ebenfalls in die Suppe. Lassen Sie es ca. 5 Minuten köcheln, bis der Fisch gar ist.

8 Ziehen Sie den Topf vom Herd, fügen Sie etwas gehackten Dill hinzu und schmecken Sie die Suppe mit Salz und Pfeffer ab.

Brød, rundstykker og flatbrød

Brot, Brötchen & Fladen

POTETKAKER |

KARTOFFELFLADEN

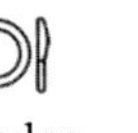
8 Fladen

35 Min.

Mittel

Zutaten

1 kg Kartoffeln (mehligkochend)
100 g Mehl
Salz, Pfeffer, Muskatnuss

Nährwerte p. P.

145 kcal
31 g Kohlenhydrate
1 g Fett
3 g Eiweiß

1 Erhitzen Sie genügend Wasser in einem mittelgroßen Topf. Salzen Sie das Wasser und kochen Sie darin die Kartoffeln für ca. 15 - 20 Minuten, bis diese weich und durchgekocht sind.

2 Schütten Sie das Wasser ab und lassen Sie die Kartoffeln im Topf abkühlen. Pellen Sie die Schale der Kartoffeln ab, solange die Kartoffeln noch etwas warm sind.

3 Pressen Sie die Kartoffeln entweder durch eine Kartoffelpresse oder verwenden Sie einen Kartoffelstampfer. Vermengen Sie die zerstampften Kartoffeln nach Belieben mit den Gewürzen und rühren Sie das Mehl unter, bis ein Teig entsteht.
Tipp: Der Teig sollte gerade so nicht mehr kleben. Falls der Teig noch klebt, können Sie mehr Mehl hinzugeben.

4 Formen Sie aus dem Teig eine Rolle und schneiden Sie daraus mehrere Scheiben ab.

5 Bemehlen Sie die Arbeitsfläche und geben Sie jeweils eine Scheibe darauf. Rollen Sie die Scheibe mit einem Nudelholz flach, sodass ein Fladen entsteht. Wiederholen Sie den Vorgang, bis der Teig aufgebraucht ist.

6 Backen Sie jeweils einen Fladen in einer ungefetteten gusseisernen Pfanne pro Seite 3 – 4 Minuten lang. Wiederholen Sie den Vorgang, bis alle Fladen ausgebacken sind.

Tipp: Sie können die Fladen mit gesalzener Butter, Marmelade, Zucker oder auch mit Lachs, Schinken und weiteren herzhaften Beilagen servieren.

HVETEBOLLER |

KARDAMOM-BRÖTCHEN

12 Brötchen

2 Std.

Mittel

Zutaten

460 g Mehl
240 ml Milch (lauwarm)
75 g Zucker
60 g Butter (zimmerwarm)
2 Eier
1 EL Milch
2 ¼ TL Trockenhefe
1 TL Kardamom
¼ TL Salz

Nährwerte p. P.

216 kcal
36 g Kohlenhydrate
6 g Fett
4 g Eiweiß

1 Schütten Sie die lauwarme Milch in eine Schüssel und streuen Sie die Trockenhefe darüber. Rühren Sie die Mischung ca. 5 - 10 Minuten lang um, bis diese schaumig wird. Vermengen Sie in einer weiteren Schüssel Kardamom, Zucker, Mehl und Salz miteinander.

2 Kneten Sie die Milch-Mischung, die trockenen Zutaten, 1 Ei und die zimmerwarme Butter miteinander, bis ein Teig entsteht.
Tipp: Falls der Teig zu klebrig ist, fügen Sie etwas mehr Mehl dazu. Falls der Teig zu trocken ist, fügen Sie etwas mehr Milch hinzu. Achten Sie aber darauf, nur minimal etwas mehr hinzuzufügen.

3 Bemehlen Sie eine Arbeitsfläche und kneten Sie den Teig darauf weiter. Füllen Sie den Teig in eine gefettete Schüssel und decken Sie die Schüssel mit einem Küchenhandtuch ab. Lassen Sie den Teig ca. 1 Stunde lang ruhen.

4 Heizen Sie den Backofen auf 180 °C Ober- und Unterhitze vor. Stellen Sie zwei mit Backpapier belegte Backbleche bereit. Legen Sie den Teig auf eine bemehlte Arbeitsfläche. Teilen Sie den Teig in 12 gleich große Stücke und rollen Sie jedes Teigstück zu einem Brötchen.
Tipp: Nutzen Sie eine Waage, um gleich große Teigstücke zu bekommen.

5 Verteilen Sie die Brötchen auf den zwei Blechen mit ca. einem Abstand von 6 cm zwischen den Brötchen. Decken Sie die Backbleche mit einem Küchenhandtuch ab und lassen Sie den Teig 30 Minuten lang ruhen.

6 Vermengen Sie in einer kleinen Schüssel 1 Ei mit 1 EL Milch und bestreichen Sie damit die Brötchen. Schieben Sie die Backbleche in den Ofen. Lassen Sie die Brötchen ca. 15 Minuten backen, bis diese goldbraun sind.

Hinweis: Je nach Ofen kann die Backzeit variieren.

SETTEKAKE |

HEFEFLADEN

10 Fladen

1 Std. 15 Min.

Mittel

Zutaten

840 g Mehl
250 ml Milch
250 ml Wasser
55 g Butter
60 g frische Hefe
1 TL Salz

Nährwerte p. P.

349 kcal
64 g Kohlenhydrate
7 g Fett
7 g Eiweiß

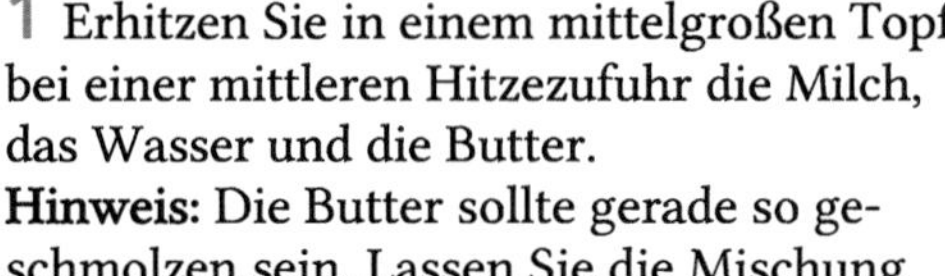

1 Erhitzen Sie in einem mittelgroßen Topf bei einer mittleren Hitzezufuhr die Milch, das Wasser und die Butter.
Hinweis: Die Butter sollte gerade so geschmolzen sein. Lassen Sie die Mischung nicht zu heiß werden.

2 Rühren Sie die frische Hefe ein, bis diese sich vollständig aufgelöst hat. Geben Sie das Mehl und Salz in eine Schüssel. Rühren Sie nach und nach die Milch-Mischung ein. Kneten Sie den Teig ca. 5 Minuten lang.
Tipp: Hierfür eignet sich eine Küchenmaschine oder ein Handmixer mit Knethaken. Alternativ können Sie den Teig mit der Hand kneten.

3 Füllen Sie den Teig in eine große Schüssel um und decken Sie die Schüssel mit einem Küchenhandtuch ab. Lassen Sie den Teig 45 Minuten lang ruhen.

4 Bemehlen Sie eine Arbeitsfläche und geben Sie den Teig darauf. Kneten Sie den Teig noch einmal kurz durch und teilen Sie den Teig in 10 gleich große Teigstücke. Rollen Sie jedes Teigstück zu einem Fladen aus. Der Fladen sollte ca. eine Breite von 15 cm umfassen und ca. 1 cm dick sein.

5 Erwärmen Sie eine mittelgroße Pfanne bei einer mittleren Hitzezufuhr. 8 Legen Sie so viele Fladenbrote hinein, wie dort hineinpassen. Backen Sie die Fladenbrote pro Seite 5 Minuten lang. Die Fladenbrote sollten von beiden Seiten goldbraun sein.

Tipp: Servieren Sie die Fladenbrote entweder wie einen Wrap, zu Suppe oder mit Käse und Marmelade.

HAVREBRØD |

HAFERBROT

2 Brote

3 Std.

Mittel

Zutaten

600 g Weizenmehl
600 g Allzweckmehl
500 ml Hafermilch
500 ml Wasser
150 g Haferflocken
120 g (vegane) Butter
90 ml Ahornsirup
30 g Meersalz
2 ¼ TL Trockenhefe
Etwas Butter oder Olivenöl
Topping: Haferflocken

Nährwerte p. P.

305 kcal
52 g Kohlenhydrate
8 g Fett
4 g Eiweiß

1 Geben Sie die Hafermilch und das Wasser in einen Topf und erhitzen Sie es auf ca. 37 °C. Füllen Sie die Mischung in eine Schüssel um und fügen Sie die Trockenhefe und den Ahornsirup hinzu. Rühren Sie einmal um und lassen Sie die Mischung ca. 5 – 10 Minuten lang ruhen.

2 Nehmen Sie einen Handmixer mit Knethaken zur Hand. Fügen Sie während des Rührens nach und nach die restlichen Zutaten hinzu (die Butter als Letztes). Lassen Sie den Teig ca. 6 Minuten lang durchkneten.

Tipp: Falls Sie keine Knethaken besitzen, können Sie den Teig auch mit der Hand durchkneten.

3 Decken Sie die Schüssel mit einem Handtuch ab und lassen Sie den Teig ca. 1 Stunde und 30 Minuten lang ruhen. Heizen Sie den Backofen auf 200 °C Ober- und Unterhitze vor. Fetten Sie 2 Kastenformen mit etwas Butter oder Olivenöl ein.

4 Bemehlen Sie die Arbeitsfläche und geben Sie den Teig darauf. Kneten Sie den Teig noch einmal gründlich durch. Teilen Sie den Teig in zwei gleich große Hälften. Formen Sie aus den Teighälften jeweils ein Rechteck, welches die Länge der Kastenform hat. Schlagen Sie die lange Seite nach innen und legen Sie jedes Teigstück in eine Kastenform.

5 Decken Sie die Kastenform mit einem Handtuch ab und lassen Sie den Teig 35 Minuten lang ruhen. Streichen Sie etwas Wasser auf die Oberfläche des Teiges und streuen Sie anschließend ein paar Haferflocken darauf.

6 Stellen Sie die Kastenformen auf ein Rost oder Backblech und schieben Sie dieses auf der untersten Schiene des Backofens ein. Lassen Sie das Brot ca. 40 bis 50 Minuten lang backen. Die Oberfläche sollte goldbraun sein.

Hinweis: Je nach Backofen kann die Backzeit variieren.

7 Lassen Sie das Brot vollständig auf einem Gitter auskühlen, bevor Sie es schneiden. Ansonsten kann es sein, dass das Brot zerfällt.

KNEKKEBRØD |

KNÄCKEBROT

20 Stk.

1 Std. 10 Min.

Mittel

Zutaten

300 ml Wasser
75 g Haferflocken
60 g Roggenmehl
40 g Kürbiskerne
40 g Sonnenblumenkerne
35 g Sesamsamen
20 g Honig
20 g Leinsamen
15 g Weizenkleie
¼ TL Salz

Nährwerte p. P.

70 kcal
6 g Kohlenhydrate
4 g Fett
3 g Eiweiß

1 Heizen Sie den Backofen auf 180 °C Ober- und Unterhitze vor. Geben Sie alle Zutaten, außer Honig und Wasser, in eine Schüssel.

2 Erhitzen Sie 250 ml Wasser bei einer niedrigen Hitzezufuhr in einem Topf. Geben Sie den Honig hinzu und rühren Sie diesen so lange ein, bis er sich vollkommen aufgelöst hat.

3 Füllen Sie das Wasser zu den restlichen Zutaten. Vermengen Sie alles gründlich miteinander. Lassen Sie die Masse ca. 5 Minuten ruhen. Fügen Sie ggf. weiteres Wasser hinzu, falls der Teig zu trocken ist.

4 Belegen Sie ein Backblech mit Backpapier. Füllen Sie die Masse in das Backblech um. Streichen Sie die Masse glatt, sodass eine glatte Ebene entsteht.

5 Schieben Sie das Backblech in den Ofen und lassen Sie das Knäckebrot ca. 10 Minuten lang backen.

Hinweis: Je nach Backofen kann die Garzeit variieren.

6 Machen Sie mit einem Messer bereits Markierungen, die die zukünftigen Scheiben andeuten. Schieben Sie das Backblech wieder in den Ofen und lassen Sie es ca. 30 - 40 Minuten lang backen.

7 Lassen Sie das Knäckebrot vor dem Brechen der einzelnen Scheiben etwas abkühlen.

JULEKAKE |

WEIHNACHTSBROT

1 Brot
(12 Scheiben)

3 Std.

Mittel

Zutaten

300 g Brotmehl
240 ml Milch (lauwarm)
75 g Butter (geschmolzen)
75 g Rosinen
70 g Zucker
1 Ei
1 EL Milch
1 ½ TL Trockenhefe
1 TL Kardamom
½ TL Salz

Nährwerte p. P.

187 kcal
16 g Kohlenhydrate
8 g Fett
3 g Eiweiß

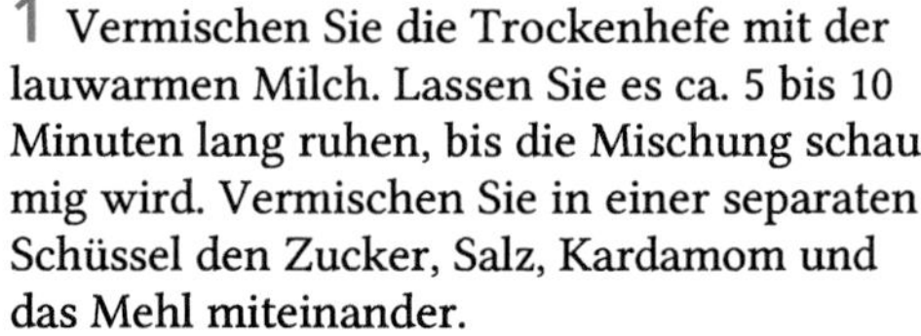

1 Vermischen Sie die Trockenhefe mit der lauwarmen Milch. Lassen Sie es ca. 5 bis 10 Minuten lang ruhen, bis die Mischung schaumig wird. Vermischen Sie in einer separaten Schüssel den Zucker, Salz, Kardamom und das Mehl miteinander.

2 Fügen Sie die geschmolzene Butter und die Hefe-Mischung hinzu. Kneten Sie den Teig, bis eine glatte Masse entstanden ist.

3 Formen Sie den Teig zu einer Kugel und geben Sie diesen in eine eingefettete Schüssel. Decken Sie die Schüssel mit einem Küchenhandtuch ab und lassen Sie den Teig ca. 1 Stunde und 30 Minuten lang ruhen.

4 Drücken Sie den Teig nach Ablauf der Zeit mit der Hand etwas flach, sodass entstandene Luft aus dem Teig ausweicht. Fügen Sie die Rosinen hinzu und kneten Sie diese in den Teig ein, sodass sich die Rosinen in dem Teig verteilen.

5 Belegen Sie ein Backblech mit Backpapier. Formen Sie den Teig zu einer Kugel und legen Sie diese auf das Backblech. Decken Sie den Teig mit einem Küchenhandtuch ab und lassen Sie den Teig weitere 40 Minuten ruhen.

6 Heizen Sie den Backofen auf 180 °C Ober- und Unterhitze vor. Vermischen Sie 1 Ei mit 1 EL Milch in einer Schüssel. Entfernen Sie das Küchenhandtuch und bestreichen Sie den Teig von allen Seiten gleichmäßig mit der Ei-Milch-Mischung.

7 Schieben Sie das Backblech in den Ofen. Lassen Sie das Weihnachtsbrot ca. 35 - 40 Minuten lang backen. Lassen Sie das Weihnachtsbrot nach dem Backen vollständig abkühlen, bevor Sie es in Scheiben schneiden.

Hovedretter med kjøtt og fjærkre

Hauptgerichte mit Fleisch & Geflügel

KJØTTKAKER |

FLEISCHBÄLLCHEN MIT BRAUNER SOßE

4 Port.

40 Min.

Einfach

Zutaten

1 l Rinderbrühe
400 g Hackfleisch
150 ml Wasser
4 EL Mehl
4 EL Butter
2 EL Kartoffelmehl
2 TL Salz
1 TL Pfeffer
½ TL Muskatnuss
Etwas Butter
Etwas Salz, Pfeffer

Nährwerte p. P.

372 kcal
11 g Kohlenhydrate
27 g Fett
20 g Eiweiß

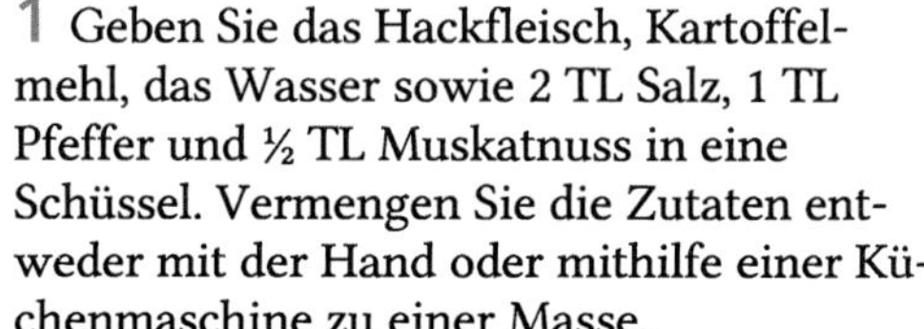

1 Geben Sie das Hackfleisch, Kartoffelmehl, das Wasser sowie 2 TL Salz, 1 TL Pfeffer und ½ TL Muskatnuss in eine Schüssel. Vermengen Sie die Zutaten entweder mit der Hand oder mithilfe einer Küchenmaschine zu einer Masse.

2 Feuchten Sie einen Esslöffel mit etwas Wasser an und portionieren Sie damit die Fleischbällchen. Rollen Sie jede Portion mit der Hand zu einem flachen Ball.

Tipp: Von der Form ähneln die Fleischbällchen der Form von Frikadellen.

3 Geben Sie etwas Butter in eine Pfanne. Braten Sie darin die Fleischbällchen von jeder Seite ca. 2 Minuten an, bis die Bällchen braun werden. Schmelzen Sie 4 EL Butter in einem mittelgroßen Topf.

4 Rühren Sie das Mehl unter und lassen Sie die Masse ein paar Minuten bei niedriger Hitzezufuhr anrösten.

5 Rühren Sie unter ständigem Rühren die Rinderbrühe unter. Lassen Sie die Soße 10 Minuten lang bei einer mittleren Hitzezufuhr köcheln. Rühren Sie ab und zu um.

6 Schmecken Sie die Soße mit etwas Salz und Pfeffer ab. Geben Sie die Fleischbällchen in die Soße und lassen Sie die Soße weitere 10 Minuten köcheln.

Tipp: Sie können zu den Fleischbällchen gekochte Kartoffeln, Preiselbeeren oder etwas Erbsenpüree servieren.

BRUN LAPSKAUS |

RINDFLEISCH-EINTOPF MIT GEMÜSE

4 Port.

2 Std.

Mittel

Zutaten

800 g Rinderschmorfleisch
720 ml Rinderbrühe
400 g Kartoffeln
150 g Sellerieknolle
2 Möhren
1 Zwiebel
1 Lauch
2 EL Butter
2 EL Öl
Etwas Petersilie (gehackt)
Salz, Pfeffer

Nährwerte p. P.

601 kcal
23 g Kohlenhydrate
36 g Fett
44 g Eiweiß

1 Waschen Sie das Rindfleisch und schneiden Sie es in mundgerechte Würfel.

2 Schälen Sie die Kartoffeln, Lauch, die Sellerieknolle, Zwiebel und Möhren. Schneiden Sie das Gemüse in mundgerechte Würfel bzw. den Lauch in dünne Ringe.

Tipp: Schneiden Sie die Zwiebel und die Sellerieknolle ggf. etwas kleiner als die Kartoffeln und Möhren.

3 Erhitzen Sie das Öl und die Butter in einer großen Pfanne.

4 Fügen Sie das Rindfleisch hinzu und braten Sie dieses bei einer mittleren Hitzezufuhr von jeder Seite an.

5 Füllen Sie das Rindfleisch in einen großen Topf um und gießen Sie die Rinderbrühe hinzu. Bringen Sie es zum Kochen.

6 Reduzieren Sie die Hitzezufuhr, geben Sie einen Deckel auf den Topf und lassen Sie es ca. 1 Stunde abgedeckt köcheln.

7 Fügen Sie das gesamte Gemüse hinzu und lassen Sie es erneut kurz aufkochen.

8 Lassen Sie den Eintopf für weitere 20 Minuten ohne Deckel köcheln.

9 Schmecken Sie den Eintopf mit etwas Salz und Pfeffer ab. Garnieren Sie den Eintopf mit der gehackten Petersilie.

KARBONADER |

FRIKADELLEN

4 Port. 25 Min. Einfach

Zutaten

450 g Hackfleisch
50 ml Wasser
2 Zwiebeln
3 EL Butter
½ EL Kartoffelstärke
½ TL Salz
½ TL Muskatnuss
½ TL Pfeffer

Nährwerte p. P.

346 kcal
2 g Kohlenhydrate
28 g Fett
22 g Eiweiß

1 Reiben Sie ½ Zwiebel und stellen Sie diese beiseite. Schneiden Sie die restliche Zwiebel in dünne Scheiben.

2 Erhitzen Sie 1 EL Butter in einer Pfanne. Fügen Sie die Zwiebelscheiben hinzu und lassen Sie diese bei niedriger bis mittlerer Hitzezufuhr karamellisieren.

3 Vermischen Sie in einer Schüssel die geriebene Zwiebel, das Hackfleisch, die Gewürze, Wasser und die Kartoffelstärke miteinander.

4 Formen Sie die Fleischmasse zu einer breiten Wurst. Schneiden Sie daraus ca. 6 gleich große Pattys.

5 Erhitzen Sie die restlichen 2 EL Butter in einer Pfanne und braten Sie darin die Frikadellen ca. 2 - 3 Minuten lang an.

6 Servieren Sie die Frikadellen zusammen mit den karamellisierten Zwiebeln.

Tipp: Als Beilage passen gekochte Kartoffeln, braune Soße oder gedünstete Erbsen zu den Frikadellen.

SCHWEINEBAUCH-RIPPE

4 Port.

4 Std. + Ruhezeit

Schwierig

Zutaten

2 kg Schweinebauch mit Rippchen
200 ml Wasser
5 Knoblauchzehen
Salz, Pfeffer

Nährwerte p. P.

836 kcal
5 g Kohlenhydrate
46 g Fett
100 g Eiweiß

1 Schneiden Sie den Schweinebauch kreuzweise ein, sodass ganz viele kleine Kästchen zu sehen sind.

2 Streuen Sie reichlich Salz und Pfeffer auf das Fleisch.

3 Decken Sie das Fleisch mit einer Folie ab und lassen Sie das Fleisch einen Tag lang im Kühlschrank ruhen.

4 Heizen Sie den Backofen auf 130 °C Ober- und Unterhitze vor.

5 Schütten Sie das Wasser in ein Backblech und legen Sie den Schweinebauch auf ein Rost. Fügen Sie den Knoblauch in das Wasser hinzu. Geben Sie nochmals Salz auf den Schweinebauch.

6 Schieben Sie das Backblech in den Ofen und dann den Rost mit dem Schweinebauch darauf nah darüber. Lassen Sie das Fleisch ca. 3 Stunden lang backen. Beträufeln Sie jede Stunde den Schweinebauch mit der Fett-Wasser-Mischung aus dem Backblech.

7 Sobald der Schweinebauch fertig ist, nehmen Sie den Schweinebauch aus dem Ofen und lassen diesen ca. 15 Minuten lang ruhen.

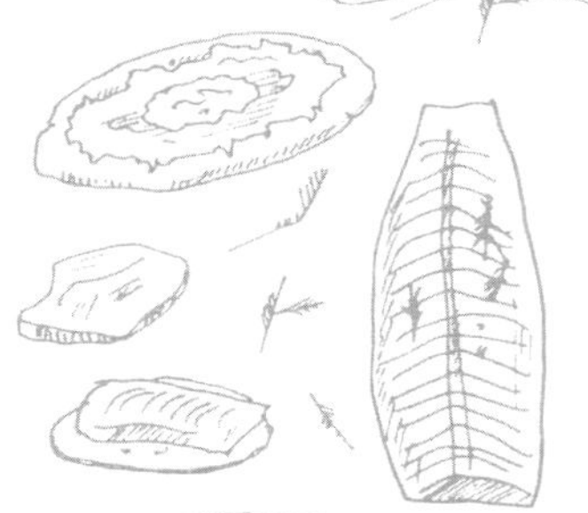

Hovedretter med fisk og skalldyr

Hauptgerichte mit Fisch & Meeresfrüchten

PLUKKFISK |

KABELJAU MIT KARTOFFELPÜREE

4 Port.

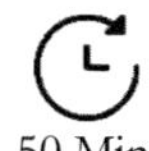
50 Min.

Mittel

Zutaten

700 g Kabeljaufilet
600 ml Milch
500 g Kartoffeln (mehligkochend)
10 Scheiben Speck
2 Stangen Lauch
1 Zwiebel
2 EL Mehl
2 EL Butter
Etwas Butter
Salz, Pfeffer

Nährwerte p. P.

498 kcal
36 g Kohlenhydrate
16 g Fett
50 g Eiweiß

1 Schälen Sie die Kartoffeln und vierteln Sie diese. Erhitzen Sie etwas Wasser in einem mittelgroßen Topf. Fügen Sie die Kartoffeln hinzu, sobald das Wasser kocht, und lassen Sie diese ca. 15 Minuten lang kochen.

2 Schneiden Sie die Zwiebel in feine Würfel. Erhitzen Sie die Butter in einer Pfanne. Braten Sie darin die Zwiebeln einige Minuten an. Fügen Sie das Mehl hinzu und lassen Sie es unter Rühren ein paar Minuten weiterbraten.

3 Stellen Sie auf eine niedrige Hitzezufuhr und gießen Sie die Milch in die Pfanne. Lassen Sie die Soße weiterköcheln, bis diese langsam eindickt.

4 Tipp: Rühren Sie währenddessen regelmäßig um, sodass die Soße nicht am Boden anbrennt.

5 Bringen Sie in einem großen Topf Wasser zum Kochen. Salzen Sie das Wasser und geben Sie die Kabeljaufilets hinein. Reduzieren Sie die Hitzezufuhr und lassen Sie die Filets ca. 5 Minuten lang in dem Wasser ziehen.

6 Geben Sie die angerührte Soße und die gekochten Kartoffeln in einen großen Topf. Nehmen Sie einen Kartoffelstampfer und pressen Sie die Kartoffeln grob klein.

7 Nehmen Sie die Kabeljaufilets aus dem Wasser. Lassen Sie diese kurz abkühlen. Zerpflücken Sie die Fischfilets und rühren Sie diese vorsichtig unter die Kartoffel-Soßen-Mischung. Schmecken Sie es mit etwas Salz und Pfeffer ab.

8 Schneiden Sie den Lauch in dünne Scheiben und die Speckscheiben in Würfel. Geben Sie etwas Butter in eine Pfanne. Braten Sie darin den Lauch und Speck einige Minuten lang an.

9 Servieren Sie das Fisch-Kartoffelpüree und toppen Sie dieses mit dem Lauch und Speck.

FISKEKAKER |

FISCHKÜCHLEIN

6 Küchlein 30 Min. Einfach

Zutaten

500 g Lachs
1 EL Maisstärke
1 TL Dill
½ TL Salz
Etwas Butter
Etwas Muskatnuss

Nährwerte p. P.

178 kcal
1 g Kohlenhydrate
11 g Fett
19 g Eiweiß

1 Schneiden Sie den Lachs grob klein.

2 Geben Sie den Lachs in eine Küchenmaschine oder einen Mixer. Pürieren Sie den Lachs zu einer glatten Masse. Füllen Sie die Masse in eine Schüssel.

3 Fügen Sie Muskatnuss, Salz und den Dill hinzu. Kneten Sie die Maisstärke unter den Lachs.

4 Erhitzen Sie etwas Butter in einer Pfanne.

5 Formen Sie mit der Hand 6 Küchlein aus der Masse. Geben Sie die Küchlein in die Butter und braten Sie diese von beiden Seiten goldbraun an und lassen Sie sie darin erwärmen.

LAKS MED BLOMKÅLPURÉ OG NØTTESMØR |

LACHS MIT NUSSBUTTER UND BLUMENKOHLPÜREE

4 Port.

1 Std. 15 Min.

Schwierig

Zutaten

500 g Lachsfilet
120 ml Sahne
75 g Butter
40 g Haselnüsse
1 Blumenkohl
1 Schalotte
½ Limette
1 EL Sojasoße
1 EL Butter
Etwas Olivenöl
Etwas Granatapfelkerne
Salz, Pfeffer

Nährwerte p. P.

603 kcal
6 g Kohlenhydrate
48 g Fett
34 g Eiweiß

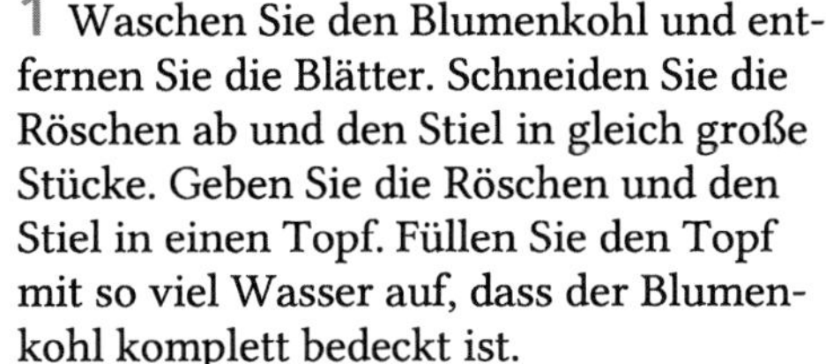

1 Waschen Sie den Blumenkohl und entfernen Sie die Blätter. Schneiden Sie die Röschen ab und den Stiel in gleich große Stücke. Geben Sie die Röschen und den Stiel in einen Topf. Füllen Sie den Topf mit so viel Wasser auf, dass der Blumenkohl komplett bedeckt ist.

2 Stellen Sie den Topf auf den Herd und lassen Sie den Blumenkohl köcheln, bis dieser weich ist. Pressen Sie die Limette über dem Lachs aus und würzen Sie den Lachs mit etwas Salz und Pfeffer.

3 Geben Sie etwas Olivenöl in eine Pfanne und braten Sie darin den Lachs mit der Hautseite nach unten an. Wenden Sie den Lachs nach ca. 3 Minuten.

4 Stellen Sie den Herd aus und lassen Sie den Lachs in der Pfanne ruhen. Geben Sie 75 g Butter in einen Topf und lassen Sie diese bei einer niedrigen Hitzezufuhr schmelzen.

5 Hacken Sie die Haselnüsse grob mit einem Messer klein. Rühren Sie diese unter die Butter und fügen Sie die Sojasoße hinzu. Schmecken Sie die Nussbutter mit etwas Salz ab.

6 Geben Sie den Blumenkohl auf einen Teller. Schneiden Sie die Zwiebel in kleine Würfel. Erhitzen Sie 1 EL Butter in einem Topf und braten Sie darin die Zwiebel an.

7 Fügen Sie den Blumenkohl und die Sahne hinzu. Pürieren Sie die Masse mit einem Stabmixer oder geben Sie die Mischung in einen Mixer. Schmecken Sie das Püree mit Salz und Pfeffer ab.

8 Verteilen Sie das Püree auf den Tellern. Legen Sie den Lachs darauf und garnieren Sie diesen mit der Nussbutter und den Granatapfelkernen.

FISKEGRATENG |

FISCH-GRATIN

6 Port.

1 Std. 30 Min.

Schwierig

Zutaten

1,2 l Milch
900 g Kabeljaufilet
225 g Makkaroni
40 g Semmelbrösel
30 g Mehl
3 Eier
4 EL Butter
2 ½ TL Salz
½ TL Pfeffer
¼ TL Muskatnuss

Nährwerte p. P.

480 kcal
44 g Kohlenhydrate
13 g Fett
45 g Eiweiß

1 Heizen Sie den Backofen auf 200 °C Ober- und Unterhitze vor. Fetten Sie eine Auflaufform mit etwas Butter ein. Kochen Sie die Makkaroni nach den Angaben auf der Verpackung.

Tipp: Nehmen Sie die Nudeln ggf. 1 - 2 Minuten früher heraus, sodass die Nudeln während des Backens nicht zu weich werden.

2 Waschen Sie das Kabeljaufilet gründlich ab. Bringen Sie gesalzenes Wasser zum Kochen. Fügen Sie den Kabeljau hinzu und lassen Sie diesen ca. 5 - 10 Minuten darin köcheln.

3 Gießen Sie das Wasser ab. Zerkleinern Sie den Fisch in dem Topf mit einer Gabel in mundgerechte Stücke.

4 Trennen Sie das Eiweiß und Eigelb und stellen Sie beides beiseite. Erhitzen Sie die 4 EL Butter in einem mittelgroßen Topf. Rühren Sie das Mehl unter und lassen Sie es unter Rühren etwas anschwitzen.

5 Nehmen Sie den Topf vom Herd und rühren Sie die Milch, die Gewürze und das Eigelb unter, bis eine glatte Masse entstanden ist.

6 Stellen Sie den Topf wieder auf den Herd. Erhitzen Sie die Masse bei einer mittleren Hitzezufuhr und rühren Sie sie dabei mit einem Schneebesen um, sodass die Soße nicht am Boden festklebt.

7 Stellen Sie die Soße beiseite, sobald diese eingedickt ist.

8 Schlagen Sie das Eiweiß mit einem Handmixer steif. Stellen Sie es beiseite.

9 Füllen Sie 720 ml Soße, den Fisch und die Makkaroni in einen großen Topf um. Rühren Sie mit einem Spatel das steife Eiweiß vorsichtig unter.

Hinweis: Die restliche Soße wird aufgehoben, um diese zu dem fertigen Auflauf zu servieren.

10 Füllen Sie die Mischung in die Auflaufform um und bestreuen Sie das Gratin mit den Semmelbröseln. Geben Sie das Gratin für ca. 40 Minuten in den Backofen.

11 Servieren Sie das Gratin zusammen mit der restlichen Soße.

KLIPPFISK MED SELLERIROT- OG POTETMOS |

GEBACKENER KABELJAU MIT KARTOFFEL-SELLERIE-PÜREE

4 Port.

2 Std.
+
24 Std.
Einweichzeit

Mittel

Zutaten

500 ml Milch
400 g Kabeljau (Lendenstücke ohne Gräten)
250 g Knollensellerie
200 g Kartoffeln
50 g Ziegenkäse
2 Lorbeerblätter
Salz, Pfeffer

Nährwerte p. P.

253 kcal
17 g Kohlenhydrate
7 g Fett
29 g Eiweiß

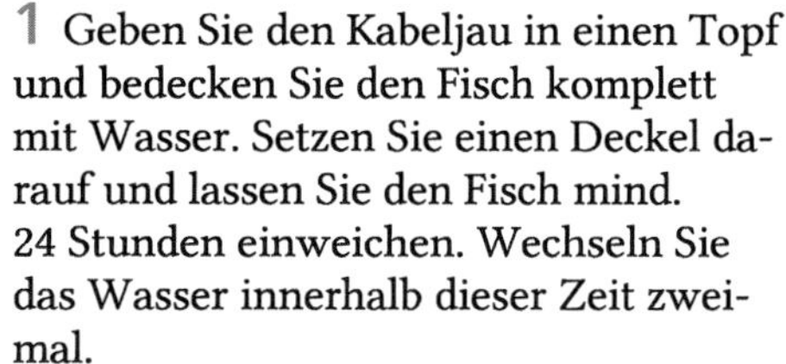

1 Geben Sie den Kabeljau in einen Topf und bedecken Sie den Fisch komplett mit Wasser. Setzen Sie einen Deckel darauf und lassen Sie den Fisch mind. 24 Stunden einweichen. Wechseln Sie das Wasser innerhalb dieser Zeit zweimal.

2 Schälen Sie den Knollensellerie und die Kartoffeln und schneiden Sie beides in mundgerechte Stücke. Heizen Sie den Backofen auf 180 °C Ober- und Unterhitze vor. Legen Sie den Sellerie und die Kartoffeln auf ein Backblech. Lassen Sie das Gemüse ca. 45 Minuten bis 1 Stunde im Ofen backen.

3 Geben Sie den Sellerie und die Kartoffeln in einen Topf und stampfen Sie das Gemüse mit einem Kartoffelstampfer klein.

Hinweis: Es sollten keine Klümpchen mehr vorhanden sein.

4 Lassen Sie den eingeweichten Kabeljau abtropfen und spülen Sie den verwendeten Topf gründlich aus.

5 Geben Sie den Kabeljau wieder in den Topf und fügen Sie die Milch und die Lorbeerblätter hinzu. Stellen Sie auf eine mittlere Hitzezufuhr und lassen Sie es ca. 8 - 10 Minuten lang köcheln.

6 Fischen Sie den Kabeljau aus der Milch und zerkleinern Sie diesen mit einer Gabel. Rühren Sie den Kabeljau unter das Sellerie-Kartoffel-Püree.

7 Gießen Sie 1 Tasse der gekochten Milch zum Püree hinzu und verrühren Sie es gründlich.

Hinweis: Fügen Sie ggf. etwas mehr Milch hinzu, falls das Püree zu trocken wirkt.

8 Schmecken Sie das Püree mit Salz und Pfeffer ab. Heizen Sie den Backofen auf 220 °C Ober- und Unterhitze vor.

9 Füllen Sie das Püree in eine Auflaufform um und bestreuen Sie das Püree mit dem Ziegenkäse. Geben Sie den Auflauf in den Ofen und lassen Sie diesen ca. 15 - 20 Minuten backen.

OVNSBAKT TORSK |

KABELJAU AUS DEM OFEN

4 Port.

40 Min.

Einfach

Zutaten

600 g Kabeljaufilet
200 g Brokkoli
50 g Semmelbrösel
30 g Parmesan
1 Knoblauchzehe
½ Zitrone (Schale & Saft)
2 EL Olivenöl
2 EL Petersilie (gehackt)
1 ½ TL Paprikapulver
½ TL geräuchertes Paprikapulver
½ TL Salz
Etwas Olivenöl
Salz

Nährwerte p. P.

306 kcal
13 g Kohlenhydrate
11 g Fett
37 g Eiweiß

1 Heizen Sie den Backofen auf 180 °C Ober- und Unterhitze vor.

2 Schneiden Sie die Kabeljaufilets in 4 gleich große Teile. Würzen Sie den Fisch leicht mit etwas Salz.

3 Vermischen Sie die Semmelbrösel, eine gepresste Knoblauchzehe das Paprikapulver, Salz, die Petersilie, den Parmesan, das Olivenöl, die Zitronenschale und den Zitronensaft miteinander. Verteilen Sie die Semmelbrösel-Mischung gleichmäßig auf allen Filets.

4 Legen Sie die Filets auf ein Backblech.

5 Waschen Sie den Brokkoli ab. Geben Sie diesen in eine Schüssel und geben Sie etwas Olivenöl und Salz darüber.

6 Legen Sie den Brokkoli zu den Kabeljaufilets.

Tipp: Wenn Sie möchten, können Sie auch ein paar Zitronenscheiben zwischen den Fisch und Brokkoli legen.

7 Schieben Sie das Backblech für ca. 10 Minuten in den Backofen.

Vegetariske hovedretter

Vegetarische Hauptgerichte

SØTPOTETGRATENG |

SÜẞKARTOFFEL-GRATIN

4 Port.

1 Std.

Einfach

Zutaten

300 ml Sahne
200 g Mozzarella
4 Süßkartoffeln
1 Knoblauchzehe (gepresst)
3 EL Weizenmehl
1 EL Thymian (gehackt)
¼ TL Muskatnuss
¼ TL Ingwer
Etwas Butter
Salz, Pfeffer

Nährwerte p. P.

477 kcal
38 g Kohlenhydrate
30 g Fett
14 g Eiweiß

1 Heizen Sie den Backofen auf 200 °C Ober- und Unterhitze vor.

1 Schälen Sie die Süßkartoffeln und schneiden Sie diese in dünne Scheiben. Geben Sie die Scheiben in eine große Schüssel.

Tipp: Damit das Gratin am besten wird, sollten alle Scheiben ca. gleich dick sein.

2 Fügen Sie die Muskatnuss, den Ingwer, das Weizenmehl und Salz und Pfeffer hinzu. Verrühren Sie alles gründlich miteinander.

3 Fetten Sie eine Auflaufform mit etwas Butter ein.

4 Legen Sie die Kartoffelscheiben in die Auflaufform, sodass daraus mehrere Schichten werden.

Tipp: Sie können auch bereits zwischen die Ebenen etwas Käse streuen.

5 Vermischen Sie die Sahne, den gehackten Thymian und den gepressten Knoblauch miteinander. Schütten Sie die Mischung über die Süßkartoffeln.

6 Streuen Sie den restlichen Käse über den Auflauf.

7 Lassen Sie den Auflauf ca. 30 - 40 Minuten backen.

Tipp: Testen Sie nach 30 Minuten, ob die Kartoffeln bereits weich sind. Falls nicht, sollten Sie dem Auflauf noch etwas Zeit geben.

GRØNNSAKSKULER |

GEMÜSEBÄLLCHEN

40 Bällchen | 1 Std. | Schwer

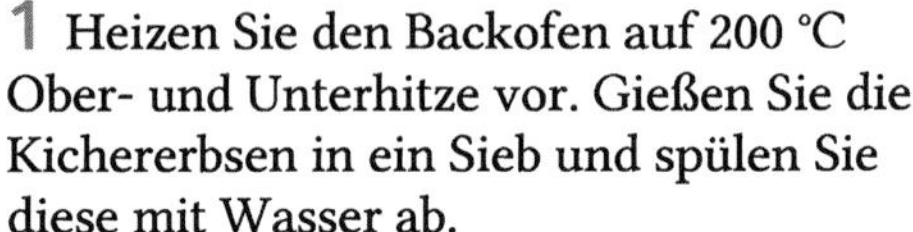

Zutaten

720 g gefrorenes Gemüse (Möhren, Erbsen etc.)
425 g Kichererbsen
120 g Vollkornmehl
2 EL Olivenöl
1 TL Knoblauchpulver
1 TL Salz
1 TL geräuchertes Paprikapulver
1 TL Oregano
½ TL schwarzer Pfeffer

Nährwerte p. P.

46 kcal
5 g Kohlenhydrate
2 g Fett
1 g Eiweiß

1 Heizen Sie den Backofen auf 200 °C Ober- und Unterhitze vor. Gießen Sie die Kichererbsen in ein Sieb und spülen Sie diese mit Wasser ab.

2 Erhitzen Sie das Olivenöl in einer großen Pfanne. Fügen Sie das gefrorene Gemüse und die Kichererbsen hinzu. Lassen Sie es ca. 3 – 5 Minuten lang braten.

3 Würzen Sie das Gemüse mit Salz, schwarzem Pfeffer, geräuchertem Paprikapulver, Oregano und Knoblauchpulver. Rühren Sie das Gemüse gründlich um. Füllen Sie das Gemüse und Mehl in eine Küchenmaschine um. Pürieren Sie die Masse grob.

Hinweis: Es sollte keine komplett pürierte Masse sein. Die Masse sollte noch ein paar Stücke haben und eher klumpig sein.

4 Belegen Sie zwei Backbleche mit Backpapier. Formen Sie aus ca. 2 TL ein Gemüsebällchen, sodass am Ende ca. 40 Gemüsebällchen dabei herauskommen.

Tipp: Formen Sie die Bällchen nicht mit der Hand, da die Masse stark an den Händen kleben kann. Geben Sie stattdessen die Masse mit den Teelöffeln auf das Backblech und formen Sie es ausschließlich mit den Teelöffeln.

5 Bestreichen Sie die Gemüsebällchen mit etwas Olivenöl. Schieben Sie die Backbleche für ca. 30 Minuten in den Ofen. Wenden Sie die Bleche nach 15 Minuten.

6 Lassen Sie die Gemüsebällchen nach dem Backen noch ca. 10 Minuten auf dem Backblech ruhen.

Veganske hovedretter

Vegane Hauptgerichte

SURKAL |

SAUERKRAUT

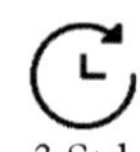

8 Port. 3 Std. Einfach

Zutaten

720 ml Wasser
450 g Grünkohl
240 ml Gemüsebrühe
60 ml Reisessig
1 ½ EL Olivenöl
1 EL Kümmel
3 TL Zucker
3 TL Salz

Nährwerte p. P.

57 kcal
4 g Kohlenhydrate
3 g Fett
3 g Eiweiß

1 Waschen Sie den Grünkohl und trocknen Sie die Blätter anschließend mit etwas Küchenrolle ab. Schneiden Sie den Strunk ab und halbieren Sie den Kohl. Schneiden Sie den Stiel des Grünkohls heraus und schneiden Sie den restlichen Grünkohl in feine Streifen.

2 Geben Sie den Kohl, das Olivenöl, Wasser, Brühe, Zucker, Essig, Kümmel und das Salz in einen Topf. Stellen Sie eine mittlere Hitzezufuhr ein und warten Sie, bis es anfängt zu kochen.

3 Reduzieren Sie auf eine niedrige Hitzezufuhr und geben Sie einen Deckel auf den Topf.

4 Lassen Sie den Kohl ca. 2 Stunden lang köcheln, entnehmen Sie ab und zu etwas Flüssigkeit und rühren Sie den Kohl während des Kochens regelmäßig um.

5 Schmecken Sie den Kohl ab. Fügen Sie ggf. etwas mehr Zucker, Essig oder Salz hinzu.

FISKESUPPE |

VEGANE FISCHSUPPE

4 Port.

40 Min.

Mittel

Zutaten

500 ml Gemüsebrühe
500 ml Pflanzenmilch (ungesüßt)
400 g Palmenherzen
400 g Sellerie
300 g Kartoffeln
250 ml vegane Sahne
250 g schnittfester Tofu
3 Knoblauchzehen
2 Möhren
1 grüne Paprika
1 Zwiebel
30 g vegane Butter
2 EL Mehl
2 EL Rapsöl
2 EL Petersilie (gehackt)
1 EL Worcestershiresauce
1 EL Weißweinessig

Nährwerte p. P.

424 kcal
31 g Kohlenhydrate
27 g Fett
11 g Eiweiß

1 Geben Sie die Butter und das Olivenöl in einen großen Topf. Schneiden Sie die Zwiebel und die Möhren in feine Würfel und braten Sie diese einige Minuten an.

2 Würfeln Sie die Paprika und hacken Sie den Knoblauch. Geben Sie beides ebenfalls in den Topf und lassen Sie es 2 Minuten braten.

3 Schneiden Sie den Sellerie und die Kartoffeln in feine Würfel. Geben Sie diese ebenfalls in den Topf und braten Sie es 4 Minuten an.

4 Streuen Sie das Mehl über das Gemüse und lassen Sie es unter ständigem Rühren anrösten.

5 Löschen Sie das Gemüse mit der Gemüsebrühe, veganer Sahne und der Pflanzenmilch ab. Bringen Sie es bei einer niedrigen bis mittleren Hitzezufuhr leicht zum Köcheln.

6 Decken Sie den Topf mit einem Deckel ab und lassen Sie es 10 Minuten lang köcheln. Schneiden Sie die Palmenherzen in Scheiben, pressen Sie den Tofu in Küchenrolle aus und schneiden Sie den Tofu in Würfel.

7 Geben Sie die Palmenherzen, den Tofu und die Worcestershiresauce hinzu. Rühren Sie alles einmal um und lassen Sie es weitere 10 Minuten köcheln.

8 Rühren Sie die Petersilie und den Essig ein. Schmecken Sie die Suppe ab und servieren Sie diese.

Fingermat og snacks

Fingerfood & Snacks

RASPEBALL |

KARTOFFEL-KNÖDEL

10 Knödel

1 Std. 15 Min.

Mittel

Zutaten

600 g Kartoffeln
360 g Mehl
115 g Schinken
75 g Butter (geschmolzen)
1 Ei
1 TL Salz
Etwas Butter
Salz, Pfeffer

Nährwerte p. P.

252 kcal
38 g Kohlenhydrate
8 g Fett
6 g Eiweiß

1 Schälen Sie die Kartoffeln und reiben Sie diese in eine große Schüssel.

2 Fügen Sie Mehl, das Salz und das Ei hinzu. Vermischen Sie die Zutaten und kneten Sie diese, bis ein Teig entsteht. Geben Sie ggf. etwas mehr Mehl hinzu, falls keine Brotteigkonsistenz entstanden ist.

3 Geben Sie etwas Wasser in einen großen Topf und geben Sie etwas Salz hinein.

4 Teilen Sie den Teig in ca. 10 gleich große Teigstücke ein. Nehmen Sie sich etwas Schinken und wickeln Sie den Teig herum. Wiederholen Sie diesen Vorgang, bis Sie keinen Teig mehr haben.

5 Geben Sie die Knödel vorsichtig mit einer Kelle in das kochende Wasser. Lassen Sie die Knödel ca. 45 Minuten lang kochen.

Hinweis: Achten Sie darauf, dass die Knödel nicht zum Boden sinken und festkleben.

6 Fischen Sie die Knödel aus dem Wasser und servieren Sie diese mit etwas Butter, Salz und Pfeffer.

MARINIERTER LACHS

4 Port.

1 Std.
10 Min.
+
Marinierzeit

Mittel

Zutaten

400 g Lachs-Lendenstücke
20 g Salz
20 g Zucker
½ Bund Dill
Etwas Pfeffer

Nährwerte p. P.

232 kcal
6 g Kohlenhydrate
13 g Fett
23 g Eiweiß

1 Vermischen Sie das Salz und den Zucker in einer Schüssel.

2 Nehmen Sie eine Auflaufform und streuen Sie etwas Salz und Zucker auf den Boden der Form.

3 Schneiden Sie den Lachs ggf. zu und legen Sie diesen obendrauf.

4 Streuen Sie das restliche Salz und den Zucker obendrauf.

5 Hacken Sie den Dill und toppen Sie den Fisch damit und mit etwas Pfeffer.

6 Decken Sie den Fisch mit Frischhaltefolie ab und stellen Sie eine andere Form darauf, die etwas Druck auf den Fisch ausübt. Lassen Sie den Fisch 1 Stunde lang bei Zimmertemperatur ruhen.

7 Stellen Sie die Auflaufform in den Kühlschrank und lassen Sie den Fisch dort 2 – 3 Tage lang ruhen. Drehen Sie den Fisch am besten einmal pro Tag um.

Tipp: Servieren Sie den Lachs zusammen mit etwas Fladenbrot und einer Senfsoße.

BAKT SØTPOTET |

ÜBERBACKENE SÜẞKARTOFFEL

4 Port. 1 Std. 10 Min. Mittel

Zutaten

4 Scheiben Bacon
2 große Süßkartoffeln
1 Frühlingszwiebel
½ Chilischote
½ Limette
4 EL geriebener Käse
2 EL Sauerrahm
Salz, Pfeffer

Nährwerte p. P.

286 kcal
32 g Kohlenhydrate
13 g Fett
9 g Eiweiß

1 Heizen Sie den Backofen auf 170 °C Ober- und Unterhitze vor. Säubern Sie die Süßkartoffeln und stechen Sie ein paar Löcher mit einer Gabel in die Kartoffeln.

2 Legen Sie die Süßkartoffeln auf ein mit Backpapier belegtes Backblech. Schieben Sie das Backblech in den Ofen und backen Sie die Süßkartoffeln ca. 40 Minuten lang.

3 Braten Sie den Bacon in einer Pfanne knusprig an. Nehmen Sie die Kartoffeln aus dem Ofen, halbieren Sie diese und kerben Sie die Kartoffeln etwas aus.

4 Geben Sie die Kartoffelmasse, die gehackte Frühlingszwiebel, gehackte Chilischote und den Sauerrahm in eine Schüssel. Vermengen Sie die Zutaten miteinander.

5 Schneiden Sie den Bacon etwas klein. Fügen Sie den Bacon, die Hälfte des geriebenen Käses, Salz, Pfeffer und den Saft der Limette hinzu. Schmecken Sie es ab und fügen Sie ggf. weitere Gewürze hinzu.

6 Stellen Sie die Grilloption Ihres Backofens ein und heizen Sie den Backofen auf 210 °C vor. Geben Sie die angerührte Kartoffelmasse in die Kartoffeln und streuen Sie den restlichen geriebenen Käse darauf.

7 Legen Sie die Kartoffeln auf ein mit Backpapier ausgelegtes Backblech und schieben Sie dieses in den Ofen. Backen Sie die Kartoffeln 5 - 7 Minuten lang im Ofen.

Sauser

Soßen

SANDESFJORDSMOR |
BUTTER-SOßE

4 Port.

25 Min.

Einfach

Zutaten

120 ml Sahne
2 Zitronen (Saft)
5 EL Butter (ungesalzen)
2 EL Petersilie (gehackt)
Salz, Cayennepfeffer

Nährwerte p. P.

187 kcal
4 g Kohlenhydrate
18 g Fett
2 g Eiweiß

1 Pressen Sie die beiden Zitronen aus.

2 Geben Sie den Zitronensaft in einen mittelgroßen Topf. Bringen Sie den Zitronensaft zum Kochen und lassen Sie es 4 Minuten lang köcheln.

3 Stellen Sie die Hitzezufuhr etwas herunter. Rühren Sie die Sahne unter und lassen Sie es weitere 5 Minuten köcheln.

4 Geben Sie jeweils 1 EL Butter in den Topf und lassen Sie die Butter vollständig schmelzen. Wiederholen Sie den Vorgang, bis die gesamte Butter geschmolzen ist.

5 Rühren Sie die gehackte Petersilie unter und schmecken Sie die Soße mit Salz und Cayennepfeffer ab.

SKARP BRUN SKAL |

BRAUNE SOßE

4 Port.

20 Min.

Einfach

Zutaten

480 ml Rinderbrühe
2 EL Mehl
2 EL Butter
1 TL Senf
1 Prise Cayennepfeffer

Nährwerte p. P.

62 kcal
4 g Kohlenhydrate
5 g Fett
1 g Eiweiß

1 Geben Sie die Butter in einen kleinen Topf und lassen Sie diese schmelzen.

2 Fügen Sie das Mehl hinzu. Rühren Sie, bis das Mehl und die Butter andicken.

3 Schütten Sie unter Rühren nach und nach die Rinderbrühe hinzu. Lassen Sie es anschließend für 10 Minuten köcheln.

4 Rühren Sie den Senf unter und schmecken Sie die Soße mit Cayennepfeffer ab.

Desserter

Desserts

VAFLER |

WAFFELN

6 – 8 Waffeln

30 Min.

Einfach

Zutaten

350 ml Milch
350 g Mehl
100 g Zucker
100 ml Buttermilch
100 g Butter (geschmolzen)
2 Eier
1 TL Backpulver
½ TL Kardamom
Toppings: Marmelade, Sauerrahm, frische Beeren etc.

Nährwerte p. P.

383 kcal
55 g Kohlenhydrate
15 g Fett
7 g Eiweiß

1 Schlagen Sie die Eier in eine Schüssel und rühren Sie diese schaumig.

2 Fügen Sie alle Zutaten (außer der Butter) unter Rühren unter die Eier.

3 Rühren Sie die Butter als Letztes unter.

4 Decken Sie den Teig ab und lassen Sie diesen 15 Minuten lang ruhen.

5 Heizen Sie ein Waffeleisen vor und fetten Sie dieses mit etwas Butter ein.

6 Geben Sie pro Waffel 1 Kelle Teig in das Waffeleisen. Backen Sie die Waffeln bis zur gewünschten Bräune durch.

7 Servieren Sie die Waffeln noch warm mit einem Topping nach Wahl.

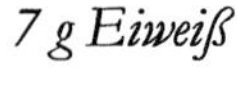

TILSLØRTE BONDEPIKER |

GESCHICHTETES APFEL-DESSERT

4 Port.

1 Std.

Schwierig

Zutaten

400 g Äpfel
400 ml Sahne
150 ml Wasser
120 g Puderzucker
45 g Butter
40 g Semmelbrösel
1 Zimtstange
1 Zitrone (Saft & Schale)
1 EL Maisstärke
2 TL Zimtpulver
1 Prise Salz

Nährwerte p. P.

565 kcal
57 g Kohlenhydrate
35 g Fett
4 g Eiweiß

1 Schälen und entkernen Sie die Äpfel und schneiden Sie diese in mundgerechte Würfel. Geben Sie die Äpfel, den Zitronensaft und die Zitronenschale, das Wasser, 75 g Puderzucker, die Zimtstange und 1 TL Zimt in einen Topf. Bringen Sie es zu einem leichten Köcheln und lassen Sie es so lange köcheln, bis die Äpfel weich geworden sind.

Hinweis: Sie können das zubereitete Apfelkompott entweder stückig lassen oder mit einem Pürierstab fein pürieren (nehmen Sie vorher die Zimtstange heraus). Dies hängt von Ihren Präferenzen ab.

2 Tipp: Falls das Apfelkompott zu dünnflüssig ist, können Sie 1 TL Maisstärke mit etwas Wasser vermischen und unterrühren.

3 Lassen Sie das Apfelkompott komplett abkühlen. Erhitzen Sie die Butter und 45 g Puderzucker bei einer mittleren Hitzezufuhr. Rühren Sie währenddessen immer wieder um. Die Masse sollte goldbraun sein.

4 Rühren Sie die Semmelbrösel, 1 Prise Salz und 1 TL Zimt unter. Lassen Sie es weiterköcheln, bis es karamellisiert ist. Nehmen Sie den Topf vom Herd und lassen Sie es vollständig abkühlen. Schlagen Sie die Sahne mithilfe eines Handmixers steif.

5 Stellen Sie das Dessert entweder in einer großen Glasschüssel oder in kleinen Dessertgläsern zusammen. Die folgende Reihenfolge ist empfehlenswert: Apfelkompott, Schlagsahne, Semmelbrösel, Apfelkompott, Schlagsahne, Semmelbrösel.

6 Servieren Sie das Dessert am besten sofort nach dem Zusammenstellen.

SKOLEBOLLER |

PUDDINGTEILCHEN

12 Teilchen

3 Std.

Schwierig

Zutaten

800 ml Milch
500 g Weizenmehl
180 g Puderzucker
150 g Kokosraspeln
130 g Zucker
75 g Butter
25 g frische Hefe
3 Eigelbe
2 Eier
½ Vanillestange
2 EL Speisestärke
3 TL Wasser
3 TL Eiweiß
2 TL Kardamom
¼ TL Salz

Nährwerte p. P.

430 kcal
59 g Kohlenhydrate
17 g Fett
9 g Eiweiß

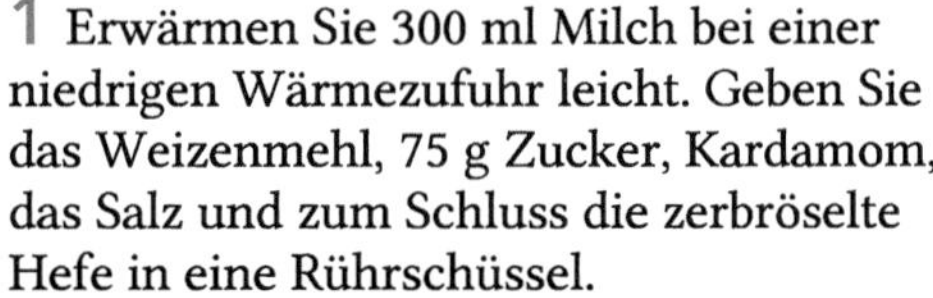

1 Erwärmen Sie 300 ml Milch bei einer niedrigen Wärmezufuhr leicht. Geben Sie das Weizenmehl, 75 g Zucker, Kardamom, das Salz und zum Schluss die zerbröselte Hefe in eine Rührschüssel.

2 Fügen Sie die erwärmte Milch und 1 Ei hinzu und vermischen Sie die Zutaten mit einem Handmixer mit Knethaken ca. 8 Minuten lang auf niedriger Stufe.

3 Geben Sie die Butter hinzu. Kneten Sie es weitere 5 Minuten auf mittlerer Stufe.
Hinweis: Der Teig sollte nach dem Kneten elastisch sein.

4 Decken Sie die Rührschüssel mit einem Küchenhandtuch ab und lassen Sie den Teig 1 Stunde lang an einem warmen Ort ruhen.
Hinweis: Das Volumen des Teiges sollte sich innerhalb der Zeit fast verdoppelt haben.

5 Verquirlen Sie 55 g Zucker mit 3 Eigelben. Mischen Sie die Speisestärke unter. Geben Sie 500 ml Milch und das Mark der Vanilleschote in einen Topf. Erwärmen Sie die Milch bei einer niedrigen bis mittleren Hitzezufuhr. Ziehen Sie anschließend den Topf vom Herd.
Hinweis: Die Milch soll nicht kochen, sondern lediglich erwärmt werden.

6 Rühren Sie die Milch unter ständigem Rühren unter die Zucker-Ei-Mischung. Füllen Sie die Zucker-Milch-Mischung wieder in den Topf von vorher. Lassen Sie es bei einer mittleren Hitzezufuhr aufkochen. Sobald die Mischung eingedickt ist,

ziehen Sie diese vom Herd und lassen sie vollständig abkühlen.
Tipp: Decken Sie den Topf mit etwas Frischhaltefolie ab, sodass sich keine Haut auf dem Pudding bilden kann.

7 Legen Sie den Hefeteig auf eine bemehlte Fläche und formen Sie aus dem Teig eine lange Wurst. Schneiden Sie aus der Wurst 12 ca. gleich große Teigstücke ab.

8 Formen Sie aus jedem Teigstück einen runden Ball. Legen Sie die Bälle mit ausreichend Abstand auf ein mit Backpapier ausgelegtes Backblech. Decken Sie den Teig mit einem Küchenhandtuch ab und lassen Sie den Teig weitere 30 Minuten ruhen.

9 Verquirlen Sie während der Wartezeit den Puderzucker, das Eiweiß und Wasser miteinander. Stellen Sie die Glasur und die Kokosflocken (in einer separaten Schüssel) bereit.

10 Heizen Sie den Backofen auf 225 °C Ober- und Unterhitze vor. Machen Sie mit der Hand eine Vertiefung in der Mitte der Brötchen. Füllen Sie die Vertiefung mit ca. 2 - 3 EL Vanillepudding. Bestreichen Sie die Ränder der Brötchen mit einem leicht aufgeschlagenen Ei.
Tipp: Achten Sie darauf, nicht zu viel Füllung in die Vertiefung zu geben, da diese ansonsten während des Backens überlaufen kann.

11 Lassen Sie die Puddingteilchen ca. 10 – 12 Minuten backen. Nach dem Backen sollten die Teilchen erst einmal vollständig abkühlen.

12 Bestreichen Sie die Puddingteilchen an den Rändern mit der Glasur. Drücken Sie die Puddingteilchen in die Kokosflocken, bis diese daran kleben bleiben.

KANELBOLLER | ZIMTSCHNECKEN

25 Stk.

1 Std. 10 Min.

Einfach

Zutaten

700 g Mehl
500 ml Milch
150 g Zucker
100 g Butter
1 Pck. Trockenhefe
Toppings: Zimt, Zucker, Butter (zimmerwarm)

Nährwerte p. P.

160 kcal
28 g Kohlenhydrate
4 g Fett
2 g Eiweiß

1 Geben Sie die Butter in einen Topf und schmelzen Sie diese bei einer niedrigen bis mittleren Hitzezufuhr. Rühren Sie die Milch unter und erwärmen Sie diese ebenfalls. Die Milch sollte nicht heiß, sondern lediglich warm sein.

2 Geben Sie die Trockenhefe in eine Schüssel. Schütten Sie die Butter-Milch-Mischung, den Zucker und das Mehl nach und nach zur Hefe hinzu. Kneten Sie die Mischung, bis ein glatter Teig entsteht.

3 Decken Sie den Teig zu und lassen Sie diesen 40 Minuten lang an einem warmen Ort ruhen. Streuen Sie etwas Mehl auf die Arbeitsfläche. Rollen Sie den Teig mit einem bemehlten Nudelholz zu einem gleichmäßigen Rechteck aus.

4 Bestreichen Sie den Teig mit der zimmerwarmen Butter. Vermischen Sie etwas Zimt und Zucker in einer Schüssel und streuen Sie diese Mischung über den Teig, sodass die gesamte Fläche gründlich damit bedeckt ist.

5 Rollen Sie den Teig von der langen Seite nach oben locker zusammen. Schneiden Sie aus der Rolle ca. 25 gleich große Rollen und legen Sie diese auf ein oder zwei mit etwas Butter bestrichene Backbleche.
Hinweis: Die Verwendung von Butter, statt Backpapier, sorgt dafür, dass die Zimtschnecken deutlich saftiger werden. Sie können aber auch Backpapier verwenden, wenn es für Sie zu aufwendig mit der Butter ist.

6 Heizen Sie den Backofen auf 250 °C Ober- und Unterhitze vor. Schieben Sie das Backblech auf der untersten Schiene in den Backofen. Backen Sie die Zimtschnecken ca. 10 - 12 Minuten lang.

RISBOLLER |

PUFFREIS-BÄLLCHEN

Ca. 20 Bällchen

30 Min.

Einfach

Zutaten

180 g Zucker
150 g Kokosfett
100 g Puffreis
100 g Butter
100 g Milchschokolade
100 g dunkle Kochschokolade
2 Eier
3 EL Kaffee
¼ TL Salz

Nährwerte p. P.

221 kcal
19 g Kohlenhydrate
15 g Fett
2 g Eiweiß

1 Geben Sie das Kokosfett

2 den Kaffee und die Butter in einen Topf. Lassen Sie es vollkommen schmelzen.

3 Nehmen Sie den Topf vom Herd und rühren Sie die Schokolade unter, bis diese vollkommen geschmolzen ist. Rühren Sie zum Schluss das Salz unter.

4 Schlagen Sie die Eier und den Zucker mit einem Handmixer leicht auf.

5 Sobald die Schokoladen-Mischung nur noch warm und nicht heiß ist, rühren Sie die Ei-Zucker-Mischung darunter.

6 Mischen Sie den Puffreis vorsichtig unter.

Tipp: Falls es zu viel Schokolade und zu wenig Puffreis ist, können Sie weiteren Puffreis hinzufügen.

7 Belegen Sie ein Backblech mit Backpapier. Nehmen Sie 2 TL der Mischung, formen Sie diese, so gut es geht, zu einer Kugel und platzieren Sie diese auf dem Backpapier. Wiederholen Sie den Vorgang, bis die gesamte Mischung aufgebraucht ist.

8 Lassen Sie die Reisbällchen entweder offen abkühlen oder stellen Sie diese in den Kühlschrank.

TROLLKREM | PREISELBEERCREME

4 Port.

5 Min. + Kühlzeit

Einfach

Zutaten

250 g Preiselbeerkonfitüre (alternativ Blaubeerkonfitüre)
80 g Vanillezucker
4 Eiweiße

Nährwerte p. P.

121 kcal
25 g Kohlenhydrate
0 g Fett
4 g Eiweiß

1 Geben Sie die Konfitüre, das Eiweiß und den Vanillezucker in eine Schüssel. Verquirlen Sie die Masse mit einem Handmixer, bis eine schaumige Konsistenz entsteht.

2 Füllen Sie die Creme in Dessertgläser. Stellen Sie die Gläser vor dem Verzehr in den Kühlschrank.

SMULTRINGER | DONUTS

Ca. 25 Stk. | 30 Min. + Ruhezeit | Mittel

Zutaten

1 l Pflanzenöl (zum Frittieren)
360 g Mehl
180 g Sauerrahm
150 g Kristallzucker
120 g Puderzucker
120 ml Sahne
2 Eier
3 EL Apfelsaft
2 TL Backpulver
1 ½ TL Kardamom

Nährwerte p. P.

120 kcal
22 g Kohlenhydrate
3 g Fett
2 g Eiweiß

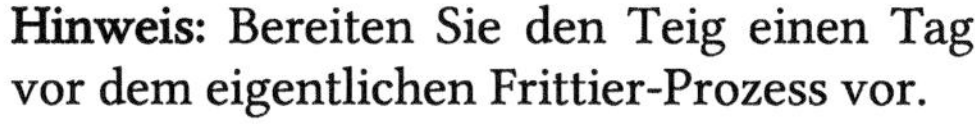

Hinweis: Bereiten Sie den Teig einen Tag vor dem eigentlichen Frittier-Prozess vor.

1 Geben Sie die Eier und den Kristallzucker in eine Schüssel. Schlagen Sie es 5 Minuten lang mit einem Handmixer auf. Stellen Sie die Mischung anschließend beiseite.

2 Schlagen Sie Sauerrahm und die Sahne ca. 3 Minuten lang mit einem Handmixer auf.

3 Mischen Sie die Sahnemischung vorsichtig unter die Eier-Mischung.

4 Geben Sie das Mehl, Kardamom und das Backpulver in eine weitere Schüssel. Vermischen Sie die Zutaten miteinander.

5 Fügen Sie die Mehl-Mischung zur Sahne-Eier-Mischung hinzu. Heben Sie das Mehl so lange unter, bis eine glatte Masse entstanden ist.

Hinweis: Die Konsistenz des Teiges ist eher klebrig und steif.

6 Decken Sie die Schüssel mit Frischhaltefolie ab und lassen Sie den Teig ca. 1 Tag oder mindestens über Nacht im Kühlschrank ruhen.

7 Füllen Sie das Pflanzenöl in einen Topf. Erhitzen Sie das Öl bei einer mittleren bis hohen Hitzezufuhr.

Hinweis: Für das Frittieren benötigt das Öl eine Temperatur von ca. 160 °C. Diese Temperatur kann normalerweise innerhalb von ca. 10 Minuten erreicht werden. Versuchen Sie, die Temperatur während des Frittierens zwischen 160 °C bis 170 °C zu halten.

8 Stellen Sie neben dem Herd ein Kuchengitter mit Küchenrolle darauf bereit.

9 Bemehlen Sie die Arbeitsfläche leicht. Legen Sie den Teig darauf und rollen Sie diesen auf eine Dicke von ca. 1 cm. Stechen oder schneiden Sie Ringe aus dem Teig heraus. Einen größeren Ring und einen kleineren Ring, der ca. ein Drittel des größeren Ringes ausmacht und das Loch des Donuts ist.

10 Frittieren Sie jeweils 4 Donuts. Lassen Sie die Donuts 30 Sekunden lang auf einer Seite frittieren, bevor Sie diese mit einem Holzstab umdrehen und von der anderen Seite ebenfalls 30 Sekunden lang frittieren. Holen Sie die Donuts heraus und lassen Sie diese auf der Küchenrolle abtropfen. Wiederholen Sie den Vorgang mit allen Donuts.

11 Frittieren Sie zum Schluss die ausgestochenen Löcher der Donuts. Lassen Sie diese nur so lange im Öl, bis diese goldbraun geworden sind. Geben Sie diese ebenfalls auf die Küchenrolle.

12 Bereiten Sie eine Apfelglasur vor, indem Sie den Puderzucker mit dem Apfelsaft vermengen. Träufeln Sie die Glasur über die Donuts oder stellen Sie die Glasur bereit, um die Donuts dort einzutauchen.

VANILLJEKREM |

VANILLEPUDDING

4 Port.

20 Min.

Einfach

Zutaten

470 ml Vollmilch
100 g Zucker
30 g Maisstärke
4 Eigelbe
2 TL Vanilleextrakt

Nährwerte p. P.

276 kcal
37 g Kohlenhydrate
11 g Fett
7 g Eiweiß

1 Füllen Sie die Milch in einen Topf und erhitzen Sie diese bei einer niedrigen bis mittleren Hitzezufuhr, bis die Milch anfängt zu köcheln. Rühren Sie währenddessen regelmäßig um.

2 Verquirlen Sie das Eigelb und den Zucker in einer Schüssel miteinander.

3 Rühren Sie die Maisstärke unter die Eier-Mischung, bis keine Klümpchen mehr vorhanden sind.

4 Rühren Sie die Eier-Mischung unter ständigem Rühren unter die warme Milch. Fügen Sie den Vanilleextrakt hinzu.

5 Lassen Sie die Mischung bei einer niedrigen bis mittleren Hitzezufuhr ca. 2 bis 3 Minuten lang weiterköcheln. Es sollte eine puddingähnliche Konsistenz entstehen.

6 Ziehen Sie den Topf vom Herd und rühren Sie den Pudding so lange um, bis keine Klümpchen mehr vorhanden sind.

7 Füllen Sie den Vanillepudding in eine Schüssel um. Decken Sie die Schüssel mit Frischhaltefolie ab.

Tipp: Die Folie sollte die Oberfläche des Puddings berühren, sodass sich auf der Oberfläche keine Haut bildet.

8 Stellen Sie den Pudding in den Kühlschrank und lassen Sie diesen vollständig abkühlen.

Kaker og kaker

Kuchen & Torten

GULROTKAKE |

MÖHRENKUCHEN MIT FROSTING

 8 Stk.

 1 Std. 30 Min.

 Mittel

Zutaten

250 g Mehl
225 g Möhren (gerieben)
200 g Frischkäse
150 ml neutrales Pflanzenöl
130 g Puderzucker
70 g Butter (weich)
50 g weißer Zucker
50 g brauner Zucker
3 Eier
2 TL Zitronensaft
2 TL Vanillezucker
1 TL Natron
1 TL Zimt
½ TL Salz
½ TL Backpulver
½ TL Muskatnuss
¼ TL Nelken (gemahlen)
Toppings: Nüsse, Granatapfelkerne etc.

Nährwerte p. P.

552 kcal
57 g Kohlenhydrate
33 g Fett
6 g Eiweiß

1 Fetten Sie eine runde Springform mit etwas Butter ein. Heizen Sie den Backofen auf 180 °C Ober- und Unterhitze vor.

2 Schlagen Sie das Öl mit dem weißen und braunen Zucker schaumig. Fügen Sie nach und nach die Eier hinzu. Rühren Sie den Teig so lange um, bis eine dickflüssige Konsistenz entsteht.

3 Vermischen Sie in einer weiteren Schüssel 1 TL Vanillezucker, das Mehl, den Zimt, Natron, das Backpulver, Salz, die gemahlenen Nelken und Muskatnuss miteinander. Heben Sie die trockenen Zutaten aus Schritt 5 vorsichtig unter die Ei-Zucker-Mischung.

Hinweis: Heben Sie die trockenen Zutaten nur unter. Rühren Sie nicht zu viel im Teig herum, da der Kuchen ansonsten seine Luftigkeit verlieren kann.

4 Rühren Sie zum Schluss die geriebenen Möhren unter. Füllen Sie den angerührten Teig in die gefettete Form um. Streichen Sie die Oberfläche glatt.

5 Geben Sie die Springform für ca. 35 - 40 Minuten in den Backofen. Führen Sie nach 35 Minuten Backzeit eine Stäbchenprobe durch. Nehmen Sie den Kuchen heraus und lassen Sie diesen vollständig abkühlen.

6 Mischen Sie das Frosting an. Geben Sie den Frischkäse, 1 TL Vanillezucker, die weiche Butter, den Zitronensaft und den Puderzucker in eine Schüssel. Vermengen Sie die Zutaten mit einem Handmixer, bis eine glatte Masse entsteht.

7 Streichen Sie die Creme gleichmäßig auf den Kuchen. Verzieren Sie den Kuchen nach Belieben noch mit weiteren Toppings.

EPLEPAI |

APFELKUCHEN

8 Stk.

45 Min.

Einfach

Zutaten

160 g Zucker
60 g Mandelblättchen
60 g Mehl
3 Äpfel
1 Ei
1 TL Backpulver
1 TL Zimt
1 TL Vanillezucker
¼ TL Salz
Etwas Butter

Nährwerte p. P.

193 kcal
34 g Kohlenhydrate
5 g Fett
3 g Eiweiß

1 Heizen Sie den Backofen auf 175 °C vor.

2 Fetten Sie die Springform mit etwas Butter ein.

3 Entkernen Sie die Äpfel und schneiden Sie diese in Würfel.

4 Geben Sie alle Zutaten (außer die Äpfel und die Mandeln) in eine große Schüssel. Verrühren Sie die Zutaten zu einem Teig.

5 Rühren Sie die Äpfel unter den Teig.

6 Füllen Sie den Teig in die Springform um. Streichen Sie die Oberseite glatt.

7 Verteilen Sie die Mandelblättchen auf der Oberfläche des Teiges.

8 Geben Sie die Springform für ca. 30 Minuten in den Backofen. Der Kuchen sollte obendrauf gebräunt sein.

Tipp: Je nach Backofen kann die Backzeit variieren. Führen Sie eine Stäbchenprobe durch, um sicherzugehen, dass der Kuchen gar ist.

SOLSKINNSKAKE |

ZITRONENKUCHEN

8 Stk.

1 Std. 10 Min.

Einfach

Zutaten

300 g Mehl
250 g Zucker
140 g Butter (geschmolzen)
3 Eier
1 Zitrone (Schale & Saft)
1 TL Vanillezucker
1 TL Backpulver
Etwas Butter

Nährwerte p. P.

414 kcal
60 g Kohlenhydrate
17 g Fett
6 g Eiweiß

1 Schlagen Sie die Eier und den Zucker mit einem Handmixer auf.

2 Rühren Sie die Butter unter.

3 Reiben Sie die Schale der Zitrone in die Schüssel und fügen Sie anschließend den Saft einer halben Zitrone hinzu. Rühren Sie erneut um.

4 Geben Sie Mehl, Backpulver und Vanillezucker in eine separate Schüssel und rühren Sie um.

5 Rühren Sie die Mehl-Mischung unter die Zucker-Mischung. Verwenden Sie hierfür einen Löffel.

6 Heizen Sie den Backofen auf 180 °C Ober- und Unterhitze vor.

7 Fetten Sie eine Springform mit etwas Butter ein.

8 Füllen Sie den Teig in die Springform und geben Sie diese in den Backofen. Lassen Sie den Kuchen ca. 45 Minuten bis 1 Stunde backen.

Tipp: Führen Sie eine Stäbchenprobe durch, falls der Kuchen zu dunkel wird. Falls der Kuchen nicht durch ist, können Sie etwas Alufolie über die Backform legen.

PLOMMEKAKE |

PFLAUMEN-STREUSEL-KUCHEN

10 Stk.

1 Std. 40 Min.

Mittel

Zutaten

500 g Pflaumen
230 g Dinkelmehl
190 g Butter
190 g brauner Zucker
140 g Mandelmehl
50 ml Milch
3 Eier
2 TL Backpulver
2 TL Vanillezucker
1 TL Zimt

Nährwerte p. P.

404 kcal
43 g Kohlenhydrate
19 g Fett
12 g Eiweiß

1 Heizen Sie den Backofen auf 180 °C Ober- und Unterhitze vor. Waschen Sie die Pflaumen gründlich ab. Halbieren Sie die Pflaumen und entfernen Sie den Kern.

2 Schlagen Sie 140 g Butter mit einem Handmixer cremig. Fügen Sie 140 g Zucker hinzu und schlagen Sie die Mischung erneut auf.

3 Rühren Sie nach und nach die Eier unter die Masse. Vermischen Sie das Mandelmehl, 140 g Dinkelmehl, den Vanillezucker und das Backpulver in einer separaten Schüssel miteinander.

4 Mischen Sie die Mandelmehl-Mischung unter die Butter-Zucker-Mischung. Rühren Sie es nur so lange unter, bis das Mehl vollständig eingerührt ist.

5 Rühren Sie am Ende die Milch unter. Füllen Sie den Teig in eine gefettete Springform um und streichen Sie es glatt.

6 Legen Sie die geschnittenen Pflaumen auf den Teig. Verarbeiten Sie 50 g Zucker, 90 g Dinkelmehl, 1 TL Zimt und 50 g Butter mit den Händen zu Streuseln. Verteilen Sie die Streusel anschließend auf den Pflaumen. Backen Sie den Kuchen für ca. 40 - 50 Minuten.

Hinweis: Je nach Backofen kann die Backzeit variieren. Falls der Kuchen bereits früher zu dunkel wird, können Sie eine Stäbchenprobe durchführen, um zu sehen, ob der Kuchen bereits herauskann.

BLØTKAKE |

SAHNETORTE MIT ERDBEEREN

1 Kuchen (10 Stk.) | 2 Std. | Mittel

Zutaten

250 g Erdbeeren
250 ml Sahne
225 g Zucker
140 g Mehl
50 g Puderzucker
4 Eier
1 TL Backpulver
1 TL Zucker
1 TL Vanillezucker
1 TL Vanilleextrakt

Nährwerte p. P.

264 kcal
42 g Kohlenhydrate
9 g Fett
3 g Eiweiß

1 Heizen Sie den Backofen auf 175 °C Ober- und Unterhitze vor. Nehmen Sie zwei gleich große Springformen, legen Sie auf den Boden Backpapier und fetten Sie die Seiten der Springform mit Butter ein.

2 Schlagen Sie die Eier mit einem Handmixer in einer großen Schüssel schaumig. Erhöhen Sie die Geschwindigkeit des Handmixers und fügen Sie nach und nach den Zucker hinzu.

3 Vermengen Sie in einer separaten Schüssel das Mehl und Backpulver miteinander. Fügen Sie das Mehl und den Vanilleextrakt langsam zu den aufgeschlagenen Eiern hinzu.

4 Befüllen Sie die Springformen mit dem Teig, sodass beide Springformen ungefähr gleich viel Teig beinhalten.

5 Schieben Sie die Springformen in den Ofen und lassen Sie diese ca. 20 - 25 Minuten lang backen. Führen Sie zum Ablauf der Zeit vorsichtshalber eine Stäbchenprobe durch.

6 Nehmen Sie den Kuchen nach dem Backen aus der Form und lassen Sie diesen auf einem Kuchengitter abkühlen.

7 Entfernen Sie das Grüne der Erdbeeren und halbieren Sie die Erdbeeren. Vermengen Sie die Erdbeeren mit 1 TL Zucker. Schlagen Sie die Sahne, den Puderzucker und den Vanillezucker mit einem Handmixer steif.

8 Nehmen Sie die Unterseite des einen Kuchens und verteilen Sie darauf die Erdbeeren. Verteilen Sie darauf die Schlagsahne und legen Sie darauf dann den anderen Kuchen. Bedecken Sie den gesamten Kuchen mit der Schlagsahne und legen Sie ggf. weitere Erdbeeren darauf.

SUKSESSKAKE |

MANDELKUCHEN MIT VANILLE-TOPPING

1 Kuchen (10 Stk.)

2 Std.

Mittel

Zutaten

150 g Puderzucker
150 g Mandeln
150 g Butter
125 g Zucker
100 ml Sahne
4 Eigelbe
4 Eiweiße
1 TL Vanilleextrakt
Etwas Butter

Nährwerte p. P.

378 kcal
29 g Kohlenhydrate
26 g Fett
6 g Eiweiß

1 Heizen Sie den Backofen auf 170 °C Ober- und Unterhitze vor. Fetten Sie eine Springform mit etwas Butter ein. Hacken Sie die Mandeln in sehr feine Stücke. Geben Sie das Eiweiß in eine Schüssel und schlagen Sie dieses mit einem Handmixer steif.

2 Vermengen Sie die Mandeln und den Puderzucker in einer separaten Schüssel und heben Sie beides danach vorsichtig unter das Eiweiß.

3 Füllen Sie den Teig in die Springform um. Schieben Sie den Kuchen in den Backofen und lassen Sie diesen 35 - 40 Minuten lang backen.

4 Lassen Sie den Kuchenteig nach dem Backen abkühlen. Geben Sie das Eigelb, den Zucker, die Sahne und den Vanilleextrakt in eine Pfanne. Rühren Sie so lange um, bis sich die Zutaten miteinander verbunden haben.

5 Stellen Sie eine niedrige Hitzezufuhr ein. Lassen Sie es warm werden, bis die Masse anfängt einzudicken.
Hinweis: Die Masse sollte sehr dick sein. Tauchen Sie ein Messer in die Masse. Wenn die Masse gut daran haftet, ist die Masse perfekt.

6 Füllen Sie die Masse in eine Schüssel um und lassen Sie diese vollkommen abkühlen. Rühren Sie die Butter unter die Masse, bis diese sich vollständig mit der Masse verbunden hat.

7 Nehmen Sie den Teig aus der Springform. Verteilen Sie auf dem Kuchenteig den angerührten Sahneguss. Stellen Sie den Kuchen vor dem Servieren in den Kühlschrank.

Kjeks og bakverk

Kekse & Gebäck

SANDNØTTER |

VANILLE-PLÄTZCHEN

Ca. 80 Kekse

40 Min.

Einfach

Zutaten

500 g Kartoffelstärke
250 g Butter
250 g Zucker
125 g Mehl
1 Ei
5 TL Vanillezucker
1 TL Backpulver

Nährwerte p. P.

65 kcal
10 g Kohlenhydrate
3 g Fett
0 g Eiweiß

1 Heizen Sie den Backofen auf 180 °C Ober- und Unterhitze vor.

2 Mixen Sie 250 g Butter mit 250 g Zucker mithilfe eines Handmixers zu einer cremigen Masse.

3 Rühren/Kneten Sie anschließend die Kartoffelstärke, das Mehl, das Ei, Backpulver und den Vanillezucker unter die Masse, bis ein Teig entsteht.

4 Verwenden Sie pro Keks 1 EL des Teiges. Rollen Sie den Teig zu einer kleinen Kugel. Wiederholen Sie diesen Vorgang, bis der gesamte Teig aufgebraucht ist.

5 Belegen Sie ein oder zwei Backbleche mit Backpapier. Verteilen Sie die Teigkugeln auf dem Backpapier und pressen Sie den Teig mit einer Gabel flach.

6 Schieben Sie das erste Backblech in den Ofen. Lassen Sie die Kekse ca. 10 Minuten lang backen. Wiederholen Sie den Vorgang beim zweiten Blech.

7 Lassen Sie die Plätzchen abkühlen, bevor Sie diese umfüllen.

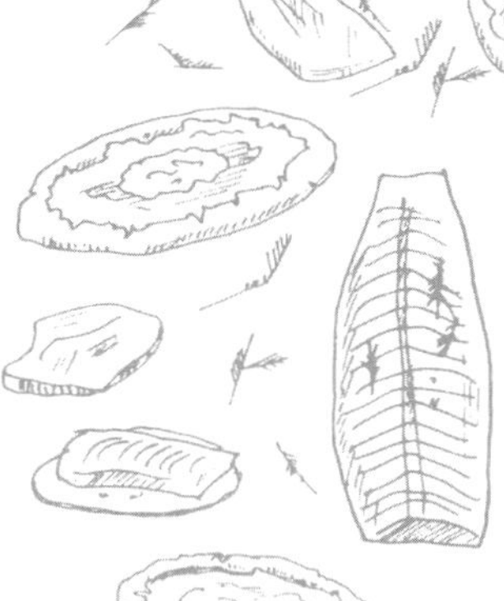

HAVREFLARN |

HAFERKEKSE

Ca. 30 Kekse

40 Min.

Einfach

Zutaten

200 g brauner Zucker
150 g Butter
130 g Haferflocken
40 g Mehl
1 Ei
1 TL Vanillezucker
1 TL Backpulver
½ TL Salz
¼ TL Zimt
1 Prise Muskatnuss

Nährwerte p. P.

87 kcal
10 g Kohlenhydrate
5 g Fett
1 g Eiweiß

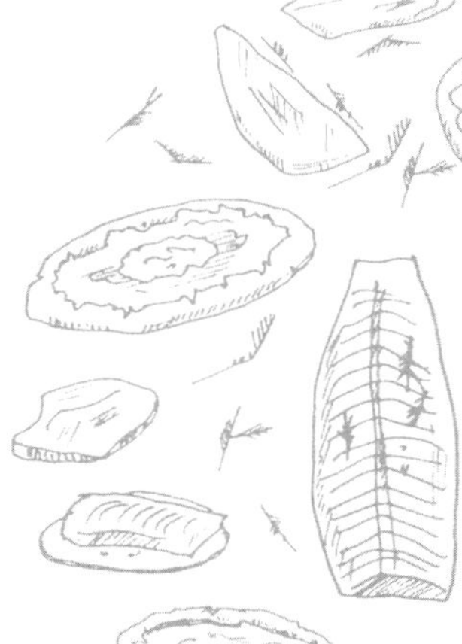

1 Heizen Sie den Backofen auf 190 °C Ober- und Unterhitze vor.

2 Schmelzen Sie die Butter in der Mikrowelle oder in einem Topf.

3 Verrühren Sie die geschmolzene Butter mit den Haferflocken. Stellen Sie die Mischung beiseite.

4 Geben Sie den braunen Zucker, den Vanillezucker, das Ei und das Salz in eine Schüssel und verrühren Sie es mit einem Handmixer zu einer cremigen Masse.

5 Rühren Sie die Haferflocken-Mischung unter die Mischung aus Schritt 4. Fügen Sie die restlichen Zutaten hinzu und rühren Sie diese ebenfalls unter. Belegen Sie ein Backblech mit Backpapier.

6 Geben Sie jeweils 1 TL Teig pro Keks auf das Backblech. Achten Sie darauf, genügend Platz zu lassen, da die Kekse während des Backens in die Breite gehen.

7 Schieben Sie das Backblech in den Backofen und lassen Sie die Kekse ca. 12 bis 14 Minuten backen.

Hinweis: Die Kekse sollten nach dem Backen an den Rändern leicht goldbraun sein.

8 Lassen Sie die Kekse nach dem Backen noch 5 Minuten auf dem Backblech abkühlen, bevor Sie die Kekse umfüllen.

SERINAKAKER |

BUTTERKEKSE

Ca. 24 Kekse | 1 Std. 35 Min. | Einfach

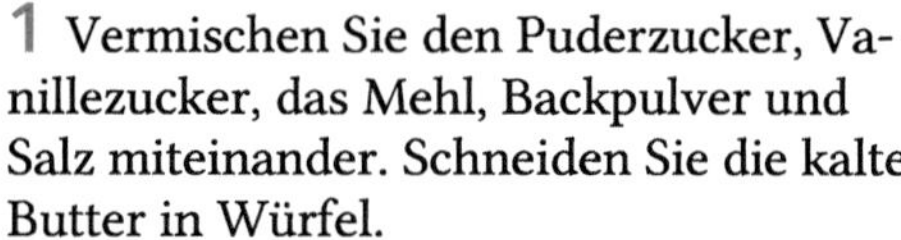

Zutaten

300 g Mehl
200 g Butter (kalt)
85 g Puderzucker
1 Ei
1 EL Backpulver
2 TL Vanillezucker
¼ TL Salz
Toppings: 1 Eiweiß (zum Bestreichen) + Hagelzucker/Mandelblättchen

Nährwerte p. P.

124 kcal
13 g Kohlenhydrate
7 g Fett
2 g Eiweiß

1 Vermischen Sie den Puderzucker, Vanillezucker, das Mehl, Backpulver und Salz miteinander. Schneiden Sie die kalte Butter in Würfel.

2 Kneten Sie die Butter unter die Zutaten aus Schritt 1. Hierfür können Sie entweder Ihre Hände oder einen Handmixer mit Knethaken verwenden.

Tipp: Kneten Sie den Teig, bis dieser eine sandähnliche Textur hat und aussieht wie grober Sand.

3 Schlagen Sie das Ei in einer weiteren Schüssel auf. Schlagen Sie es mindestens 30 Sekunden lang mit dem Handmixer auf. Geben Sie das Ei zum Teig und kneten Sie es so lange, bis sich alles verbunden hat.

4 Rollen Sie den Teig zu einer Rolle aus, wickeln Sie den Teig in Frischhaltefolie ein und geben Sie diesen für ca. 1 Stunde in den Kühlschrank.

5 Heizen Sie den Backofen auf 180 °C Ober- und Unterhitze vor. Schneiden Sie kleine Teigstücke aus dem Teig und rollen Sie den Teig zu kleinen Kugeln.

Hinweis: Achten Sie darauf, dass Sie die Kugeln nicht zu groß machen und diese ca. gleich groß sind.

6 Belegen Sie ein Backblech mit Backpapier. Legen Sie die Kugeln auf das Backblech und drücken Sie die Kugeln mit einer Gabel oder dem Boden eines Glases flach.

7 Wenn Sie ein Topping auf den Keksen haben möchten, können Sie dies nun machen. Bestreichen Sie die Kekse mit etwas Eiweiß und streuen Sie etwas Hagelzucker oder Mandelblättchen obendrauf. Schieben Sie das Backblech in den Ofen und lassen Sie die Kekse ca. 10 Minuten backen. Der Boden der Kekse sollte leicht gebräunt sein.

8 Lassen Sie die Kekse vollständig abkühlen, bevor Sie die Kekse umfüllen.

PEPPERKAKER |

LEBKUCHENKEKSE

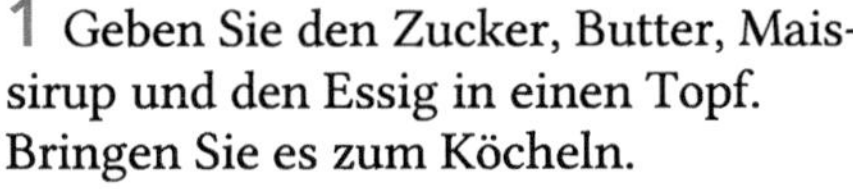

Ca. 36 Kekse | 1 Std. + Ruhezeit | Mittel

Zutaten

270 g Mehl
120 ml Maissirup
110 g Butter
100 g Zucker
1 Ei
1 ½ TL Essig
½ TL Limonade
½ TL Ingwer
½ TL Zimt
½ TL Nelken
¼ TL Pfeffer

Nährwerte p. P.

72 kcal
11 g Kohlenhydrate
3 g Fett
1 g Eiweiß

1 Geben Sie den Zucker, Butter, Maissirup und den Essig in einen Topf. Bringen Sie es zum Köcheln.

2 Nehmen Sie den Topf vom Herd und füllen Sie den Inhalt in eine Schüssel um. Lassen Sie es ca. 5 - 10 Minuten abkühlen.

3 Mengen Sie das Ei unter.

4 Fügen Sie das Mehl, die Limonade, Ingwer, Nelken, Zimt und Pfeffer hinzu. Vermengen Sie alles zu einem Teig.

5 Decken Sie die Schüssel ab und stellen Sie diese über Nacht in den Kühlschrank.

6 Bemehlen Sie die Arbeitsfläche und rollen Sie darauf den Teig sehr dünn aus. Stechen Sie beliebige Formen aus und legen Sie diese auf ein mit Backpapier ausgelegtes Backblech.

7 Heizen Sie den Backofen auf 180 °C Ober- und Unterhitze vor.

8 Lassen Sie die Kekse ca. 7 - 8 Minuten lang backen. Lassen Sie die Kekse nach dem Backen abkühlen.

Drikke

Getränke

LIMETTEN-COCKTAIL

 1 Glas  5 Min.  Einfach

Zutaten

2,25 cl Aquavit (Kümmel-Schnaps) ← siehe Rezept
2,25 cl Limettensaft
2,25 cl Wodka
Etwas Eiswürfel
Auffüllen mit Zitronen-Limetten-Soda

Nährwerte p. P.

156 kcal
16 g Kohlenhydrate
3 g Fett
1 g Eiweiß

1 Nehmen Sie ein hohes Glas und befüllen Sie dieses mit Eiswürfeln, Wodka, dem Kümmel-Schnaps und dem Limettensaft.

2 Füllen Sie das Glas mit einer Zitronen-Limetten-Soda auf und rühren Sie mit einem Löffel oder Metallstab um.

RIPSSAFT |
JOHANNISBEERSAFT

2 Flaschen | 1 Std. 30 Min. | Mittel

Zutaten

2 kg Johannisbeeren
400 ml Wasser
200 g Zucker (pro Liter Saft)

Nährwerte p. P.

987 kcal
190 g Kohlenhydrate
3 g Fett
13 g Eiweiß

3 Waschen Sie die Johannisbeeren ab und entfernen Sie ggf. die Stiele, Blätter und andere störende Rückstände.

4 Geben Sie die Beeren in einen Topf und füllen Sie diesen mit dem Wasser auf. Lassen Sie es aufkochen. Reduzieren Sie die Hitzezufuhr und lassen Sie es bei einer niedrigen Hitzezufuhr ca. 10 Minuten lang köcheln.

5 Stellen Sie eine Schüssel mit einem feinen Sieb bereit. Legen Sie ein sauberes, leicht angefeuchtetes Küchenhandtuch in das Sieb und schütten Sie die Beeren darein. Lassen Sie es mindestens 1 Stunde lang abtropfen.

Hinweis: Pressen Sie die Beeren nicht nach unten. Lassen Sie es von selbst abtropfen.

6 Messen Sie den Saft ab und geben Sie den Saft anschließend in einen Topf. Fügen Sie pro 1 Liter Saft ca. 200 g Zucker hinzu. Lassen Sie es aufkochen und rühren Sie währenddessen regelmäßig um. Schöpfen Sie den entstehenden Schaum mit einer Schöpfkelle ab.

7 Schmecken Sie den Saft ab. Fügen Sie ggf. weiteren Zucker hinzu. Füllen Sie den Saft in ein oder zwei saubere Flaschen um und verschließen Sie die Flasche. Lagern Sie die Flasche an einem kühlen und dunklen Ort.

Tipp: Servieren Sie den Saft ggf. etwas verdünnt mit Wasser, falls der Saft zu stark oder nicht süß genug schmeckt.

AQUAVIT |

KÜMMEL-SCHNAPS

Ca. 1 Tasse (8 Port.)

3 Tag

Mittel

Zutaten

240 ml Wodka
1 Zweig Dill
1 Schote Sternanis
½ TL Kümmel
¼ TL Fenchelsamen
Etwas Zitronenschale (am Stück)

Nährwerte p. P.

48 kcal
0 g Kohlenhydrate
0 g Fett
0 g Eiweiß

1 Geben Sie den Wodka, den Dill und die Zitronenschale in ein verschließbares Glas. Verschließen Sie das Glas, schütteln Sie es und lassen Sie es einen Tag lang bei Zimmertemperatur ziehen.

2 Nehmen Sie die Zitronenschale und den Dill heraus und werfen Sie diese weg.

3 Fügen Sie dem Glas Sternanis, Kümmel und die Fenchelsamen hinzu. Verschließen Sie das Glas, schütteln Sie es und lassen Sie es weitere 2 Tage lang bei Zimmertemperatur ziehen.

4 Probieren Sie den Schnaps nach Ablauf der 2 Tage. Falls der Geschmack noch nicht intensiv genug ist, können Sie den Schnaps bis zu 2 Wochen lang ziehen lassen.

5 Schütten Sie den Schnaps durch ein Sieb und fangen Sie die Flüssigkeit in einem Messbecher auf. Füllen Sie den fertigen Schnaps in ein verschließbares Glas oder eine verschließbare Flasche. Lagern Sie den Schnaps am besten im Kühlschrank.

Hinweis: Der Schnaps ist bei richtiger Lagerung bis zu 6 Monate haltbar.

GLØGG |

GLÜHWEIN

Ca. 10 Tassen

3 Std.

Mittel

Zutaten

750 ml Rotwein
375 ml Aquavit (siehe Rezept), alternativ: Wodka oder Cognac
340 g Zucker
100 g Rosinen
100 g gehobelte Mandeln
30 g Ingwer
5 Nelken
1 Zimtstange
1 TL Kardamom

Nährwerte p. P.

415 kcal
55 g Kohlenhydrate
12 g Fett
16 g Eiweiß

1 Geben Sie den Rotwein in einen Topf und erhitzen Sie diesen bei einer mittleren Hitzezufuhr.

2 Füllen Sie Kardamom, die Nelken, Zimtstange und den Ingwer in einen Gewürzbeutel und geben Sie diesen ebenfalls in den Topf.

3 Rühren Sie den Zucker ein, bis sich dieser vollständig aufgelöst hat.

4 Nehmen Sie den Topf vom Herd und lassen Sie den Glühwein ca. 2 Stunden lang abkühlen.

5 Fügen Sie Aquavit (oder Wodka/Cognac) hinzu und erhitzen Sie den Glühwein erneut bei einer mittleren Hitzezufuhr, bis der Glühwein kurz vor dem Kochen ist.

6 Fügen Sie die Rosinen und gehobelten Mandeln hinzu und entnehmen Sie den Gewürzbeutel.

7 Füllen Sie den Glühwein entweder in eine Bowle um oder schöpfen Sie den Glühwein direkt aus dem Topf ab.